城市轨道交通及地下工程建设人员培训教材

城市轨道交通地铁机电工程总承包管理指南

杨庭友　程景栋　主编

中国建筑工业出版社

图书在版编目（CIP）数据

城市轨道交通地铁机电工程总承包管理指南/杨庭友，程景栋主编. —北京：中国建筑工业出版社，2021.1

城市轨道交通及地下工程建设人员培训教材

ISBN 978-7-112-25902-1

Ⅰ.①城… Ⅱ.①杨… ②程… Ⅲ.①地下铁道—机电工程—承包经营—技术培训—教材 Ⅳ.①U231

中国版本图书馆CIP数据核字（2021）第035481号

本书为城市轨道交通及地下工程建设人员培训教材，全书图表丰富、内容易于理解，结合国内轨道交通机电发展及行业现状，阐述了轨道交通地铁机电工程的总承包管理的实施模式、过程及重点等，全书共14章，包括：概述、机电装修工程简介、施工管理组织机构、工期计划管理、设计及BIM深化管理、物资采购及设备管理、施工接口管理、车站地盘管理、轨行区管理、调试管理、安全管理、质量管理、三权移交及试运行管理、验收管理。

本书可为我国城市轨道交通地铁机电工程总承包管理人员、技术人员、作业人员提供参考和借鉴，也可作为院校师生的参考资料。

责任编辑：司 汉 李 阳
责任校对：李美娜

城市轨道交通及地下工程建设人员培训教材
城市轨道交通地铁机电工程总承包管理指南
杨庭友 程景栋 主编

*

中国建筑工业出版社出版、发行（北京海淀三里河路9号）
各地新华书店、建筑书店经销
霸州市顺浩图文科技发展有限公司制版
北京建筑工业印刷厂印刷

*

开本：787毫米×1092毫米 1/16 印张：10¼ 字数：254千字
2021年3月第一版 2021年3月第一次印刷
定价：32.00元
ISBN 978-7-112-25902-1
（36526）

版权所有 翻印必究
如有印装质量问题，可寄本社图书出版中心退换
（邮政编码100037）

本书编委会

主　　任：唐　浩

副 主 任：杨庭友　程景栋　余仁国

委　　员：赵阶勇　董天鸿　谢　成　方道伟
　　　　　　陶方清　段军朝　彭忠国　王玉恒

主　　编：杨庭友　程景栋

副 主 编：余仁国　段军朝　陶方清

参　　编（按姓氏笔画为序）：

王　扬	王　杰	王　建	王海波	布占江	叶明亮
田　波	冉　睿	任　伟	关文俊	孙　钊	李　翔
李必应	李家顺	汪　鹏	宋祥权	张　浩	张来飞
陈　林	陈　浩	陈聪毅	罗兴利	单体运	赵兴云
赵梓俊	胡　刚	胡会杰	柯松苓	柳楚卫	贾锐奇
顾或渊	郭　宇	席文才	黄　磊	黄河健	黄胜杰
蒋啸天					

前　言

随着我国经济快速增长，尤其是近年来城市化进程不断加快，优先发展以城市轨道交通为代表的绿色、环保、节能、高效、快捷的公共交通成为必然选择。然而，城市轨道交通仍存在着行业发展方式粗放、监管体制机制不健全、工程建设组织方式落后等诸多问题。解决这些问题的关键在于通过逐步提炼出一套专业化、精细化、综合化的管理理念和实施做法，改进与完善工程建设传统组织模式，推行工程总承包模式。由于机电系统工程总承包模式将原有的外部接口转化为内部接口，通过综合协调，控制工程的进度、质量，可以从根本上保证项目的总体协调和综合最优的要求，符合轨道交通建设的发展规律；特别是其管理具有高度的专业性、服务性、综合性，该模式已被多个城市所接受。

为此，中共中央、国务院于2016年和2017年发布专门文件——《中共中央 国务院关于进一步加强城市规划建设管理工作的若干意见》和《国务院办公厅关于促进建筑业持续健康发展的意见》，文件中明确指出"深化建设项目组织实施方式改革，推广工程总承包制，加强建筑市场监管，严厉查处转包和违法分包等行为，推进建筑市场诚信体系建设""加快推行工程总承包"，全面提出了加快推行工程总承包的各项具体要求。由此可见，推行工程总承包管理不仅是城市轨道交通行业发展的未来趋势，更是国家对相关企业发展提出的更高要求。

中建三局集团有限公司（以下简称"中建三局"）作为中国建筑的优秀排头兵，积极响应党中央国务院的号召，致力于打造世界一流企业，首次承接地铁全线工程（成都轨道交通6号线三期工程）并推行实施总承包管理模式。经过近三年对地铁线路工程管理的积极探索与实践，中建三局在地铁项目总承包管理方面取得了一些经验，同时也对不足之处进行了深入思考，并提出了一些积极的建议，在本项目土建工程总承包总结形成了《城市轨道交通地铁土建工程总承包管理指南》之后，进一步针对机电装修工程总承包管理所经历的重点和难点进行了深度的梳理，编写了本指南，内容主要以成都轨道交通6号线三期工程机电装修工程施工阶段的总承包管理思路和方式方法为主开展论述，可供类似工程管理借鉴和参考。

本书从工程实际实用角度出发，结合成都轨道交通集团有限公司及中建三局的企业特点，集成了已有的企业总承包管理模式，充分考虑地铁机电工程特点，编写注重时效性、实用性、系统性和企业发展特点。针对目前地铁机电工程的建设特点，探索了如何进行机电工程施工总承包管理，明确了管理过程中的重点，在管理体系、流程、制度及成效等方面进行具体指导和实践经验的总结。

本书可作为城市轨道交通地铁机电工程总承包管理实施各参与方的参考工具书，用于指导企业领导层在项目规划、项目筹备及项目实施各阶段的决策与管控，用于管理人员在总承包策划、工程管理及施工管理方面进行指导与培训，还可以用于专业技术人员对管理系统、管理流程及制度方面的认识与学习。

本书共分为14章，第1、2章分别从总承包管理模式下的城市轨道交通工程和机电工程的管理基础和工程特点进行了具体介绍；第3、4章重点对总承包管理体系级总体计划管理进行了详细介绍；第5～8章分别针对地铁机电工程的特点，在设计、物资采购、接口及样板方面进行了专业性的介绍；第9、10章针对机电工程多专业协调、交叉施工及管理重点难点区域即地铁车站地盘及轨行区的管理进行了详细介绍；第11、12章对机电工程运行前的调试及验收过程管理内容进行了讲述；第13、14章分别对轨道交通开通前的移交、试运行及验收管理进行了介绍，通过系统性的讲述，确保轨道交通工程的开通与运营。

由于编写组水平有限，编写过程中出现的不妥之处在所难免，恳请广大读者批评指正。

目 录

1 概述 ··· 1
 1.1 城市轨道交通地铁机电工程 ·· 1
 1.2 机电施工总承包管理 ·· 1
 1.3 成都轨道交通6号线三期项目介绍 ··· 2

2 机电装修工程简介 ··· 3
 2.1 通风空调系统工程 ·· 3
 2.2 给水排水及消防系统工程 ·· 4
 2.3 低压配电系统工程 ·· 5
 2.4 装饰装修工程 ·· 6
 2.5 供电系统工程 ·· 7
 2.6 通信系统工程 ·· 9
 2.7 综合监控系统工程 ··· 10
 2.8 站台门系统工程 ·· 12
 2.9 气体灭火系统工程 ··· 14
 2.10 多联机系统工程 ·· 15

3 施工管理组织机构 ··· 16
 3.1 施工管理组织机构的建立 ·· 16
 3.2 施工标段项目部的组织管理 ··· 23

4 工期计划管理 ··· 25
 4.1 相关单位管理职责分配 ··· 25
 4.2 总体工程筹划管理 ··· 26
 4.3 施工工序组织 ·· 29

5 设计及BIM深化管理 ·· 31
 5.1 设计管理 ·· 31
 5.2 设计优化管理 ·· 34
 5.3 BIM管理 ·· 40

6 物资采购及设备管理 ·· 47
 6.1 物资招标及分包商管理 ··· 47
 6.2 设计联络管理 ·· 49
 6.3 设备材料监造 ·· 50
 6.4 验收及检测管理 ··· 50

7 施工接口管理 ··· 52
 7.1 接口管理依据 ·· 52
 7.2 接口管理原则 ·· 52

目 录

- 7.3 接口管理组织机构 ... 53
- 7.4 接口管理责任划分 ... 53
- 7.5 接口管理工作内容 ... 57
- 7.6 接口管理工作流程 ... 57
- 7.7 各专业接口划分 ... 59
- 7.8 接口管理工作制度 ... 67
- 7.9 接口管理工作守则 ... 68
- 7.10 接口管理的实施 ... 68
- 7.11 考核 ... 70

8 车站地盘管理 ... 71
- 8.1 地盘管理单位及地盘管理界面划分 ... 71
- 8.2 土建车站移交站后标准 ... 71
- 8.3 地盘管理相关方职责 ... 72
- 8.4 地盘管理单位的现场管理 ... 74
- 8.5 安全文明施工押金及临水临电押金制度 ... 76
- 8.6 站后地盘移交运营标准 ... 76

9 轨行区管理 ... 79
- 9.1 轨行区移交措施 ... 79
- 9.2 轨行区管理组织机构 ... 81
- 9.3 各单位管理职责 ... 83
- 9.4 作业人员进场要求 ... 84
- 9.5 轨行区施工调度管理 ... 85
- 9.6 站后轨行区移交运营标准 ... 87

10 调试管理 ... 90
- 10.1 调试工作范围 ... 90
- 10.2 调试管理组织形式 ... 91
- 10.3 领导小组组织机构 ... 92
- 10.4 领导小组分工及职责 ... 93
- 10.5 各单位职责 ... 93
- 10.6 调试工作内容 ... 94
- 10.7 调试工作安全保障措施 ... 100
- 10.8 各参建单位间的配合 ... 104

11 安全管理 ... 105
- 11.1 运行控制 ... 105
- 11.2 重特大危险源管理 ... 110
- 11.3 关键环节的安全管理 ... 112
- 11.4 安全信息化管理 ... 116

12 质量管理 ... 118
- 12.1 质量的方针和目标 ... 118

12.2	质量保证体系 ·················· 118
12.3	质量管理职责 ·················· 119
12.4	过程质量管控 ·················· 120
12.5	常见质量通病防治 ··············· 124
12.6	样板管理 ······················ 135
12.7	质量创优管理 ·················· 139
12.8	质量投诉与事故处理 ············· 140
12.9	考核与奖罚 ···················· 141

13 三权移交及试运行管理 ················· **143**
   13.1 三权移交管理 ······················ 143
   13.2 试运行管理 ························ 146

14 验收管理 ································ **148**
   14.1 工程质量验收机构 ·················· 148
   14.2 工程质量验收单元划分 ·············· 148
   14.3 工程质量验收管理 ·················· 150
   14.4 工程质量验收程序和内容 ············ 150
   14.5 工程质量验收配合方案 ·············· 152

参考文献 ···································· **155**

1 概 述

1.1 城市轨道交通地铁机电工程

1.1.1 城市轨道交通地铁工程

城市轨道交通是城市公共交通的骨干，具有节能、省地、运量大、全天候、无污染（或少污染）、安全等特点，属绿色环保交通体系，特别适应于大中城市，主要包括：地铁系统、轻轨系统、单轨系统、有轨电车、磁浮系统、自动导向轨道系统、市域快速轨道系统，其中地铁工程最为常见。

地铁工程自身系统繁多，地下空间、周围环境复杂，项目在实施过程中具有前期工作多、工程协调难度大、施工工法复杂、安全生产风险高、施工界面划分多、信息化要求高等诸多难点。而随着国内城市轨道交通地铁工程行业的发展与国内外对新技术探索，机电工程越来越往人性化、舒适化、安全化、信息化方面发展。

1.1.2 地铁机电工程

机电工程主要工作内容包含通信、综合监控、门禁、供电、通风空调、给水排水及消防、动力照明、站台门等二十多个子系统，是城市轨道交通工程的关键阶段和节点，属于站后工程，其主要特点为：工期紧、工程量大，站房和区间工作点多；专业多，接口多，专业之间协调量大；高度集成性专业多（供电、通信、站台门等）；材料和施工质量直接影响列车行车安全，对工程质量要求极高；交叉作业较多，安全隐患大；系统调试和试运行复杂等特点，机电工程的施工紧密关系着地铁后期运营的安全性和稳定性，因此对机电施工管理要求也越来越高。

1.2 机电施工总承包管理

1.2.1 施工总承包管理

施工总承包管理作为施工任务委托模式中的一种，是由业主方委托一个施工单位或由多个施工单位组成的联合体作为施工总承包管理单位，业主方另委托其他施工单位作为分包单位进行施工。施工总承包管理单位通常不参与具体工程的施工，但如果施工总承包单位也想承担部分工程的施工，它也可以参加该部分工程的投标，通过竞争取得施工任务，施工总承包管理单位在一定程度上减轻了业主方管理和协调工作量。

1.2.2 机电工程施工总承包管理

城市轨道交通机电工程的施工总承包管理的内容会因合同的不同而有所差异，但基本的管理目标和任务与土建工程类似。施工总承包管理单位应树立为业主和项目建设服务的观念，作为项目建设的一个重要参与方，不仅要服务于本身利益，还必须服务于项目的整体利益，在从事管理活动中应协调好自身利益和项目整体利益之间的对立统一关系。

项目工程总承包管理的科学化、规范化、系统化、法制化，可以提高建设项目工程总承包的管理水平，实现施工总承包管理方承诺的各项管理目标，履行安全文明施工、工程质量、进度管理、设备运行、保修等方面合同目标。

1.3 成都轨道交通6号线三期项目介绍

成都轨道交通6号线三期工程位于四川省成都市，跨越高新区、天府新区及双流区，主要沿中柏大道、新成仁路、夔州大道、福州路、正兴42路、迎宾大道敷设，呈北-南-西走向，全长23.37km（正线21.97km+连接线1.4km），全地下敷设，设站18座（西部会展中心站不在承包合同范围内）、18区间、1连接线，其中换乘站9座。另设回龙停车场1座，庙儿堰站设主变电所1座。

成都轨道交通6号线三期工程主要由土建工程、轨道和站后机电工程三部分组成，土建、轨道工程主要包括车站工程和区间工程，站后工程主要包括常规机电设备安装工程、装饰装修工程、站后系统工程等，工程项目结构图如图1-1所示，机电装修工程主要包括动力照明、通风空调、给水排水、消防工程、人防工程等部分，系统工程主要有通信、综合监控、供电、站台门、气体灭火、多联机、信号、电扶梯等。

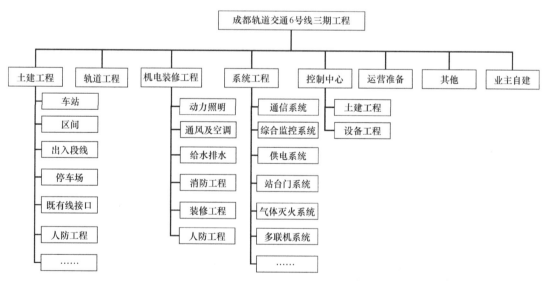

图1-1 成都轨道交通6号线三期工程项目结构图

2 机电装修工程简介

城市轨道交通地铁机电装修工程涵盖了通风空调系统工程、给水排水及消防系统工程、低压配电系统工程、装饰装修工程、供电系统工程、通信系统工程、综合监控系统工程等多个专业工程，其施工活动包含了采购、安装、调试、运行、竣工验收等多个阶段，工程涉及专业复杂、单位繁多，多为交叉作业，有限区域内多专业同步施工，总体施工配合协调难度大、技术要求高、管理难度较大。

2.1 通风空调系统工程

2.1.1 地下车站及隧道

地下车站及隧道的通风空调系统包括隧道通风系统（含防排烟系统）和车站通风空调系统（含防排烟系统）两大部分，其中隧道通风系统分为区间隧道通风系统和车站隧道通风系统，隧道通风系统如图 2-1 所示。

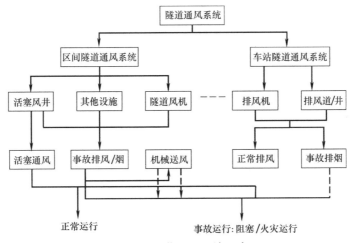

图 2-1　隧道通风系统示意

车站通风空调系统由以下三部分组成：车站公共区（含长出入口）通风空调系统（含防排烟系统，简称"大系统"）、车站设备管理用房通风空调系统（含防排烟系统，简称"小系统"）和空调水系统。

2.1.2 区间

区间通风空调系统包括区间自然通风、车站隧道通风空调系统；车站通风空调系统包括车站公共区空调系统、设备管理用房通风空调系统以及防排烟系统。

2.1.3 车辆段、停车场

各类厂房、设备及管理用房、工艺用房根据不同的性质，采用以下通风空调方式：
（1）温度、湿度、空气等含尘浓度有较高要求的工艺设备用房设置通风空调系统；
（2）需空调的管理用房设置舒适性通风空调系统；
（3）不需设空调的管理、设备用房，自然通风能达到要求的采用自然通风，自然通风达不到要求时设机械通风；
（4）对于高大厂房，自然通风能达到要求的采用自然通风，自然通风达不到要求的设置机械通风。

2.2 给水排水及消防系统工程

2.2.1 给水系统

生产给水系统主要供给空调系统循环冷却补充水和冲洗用水；生活给水系统主要供给车站卫生间、盥洗间、茶水间及部分房间的洗涤池用水；消防给水系统主要供给室内消火栓系统用水。

车站给水水源均采用城市自来水，采用生产、生活与消防分开的给水系统，给水系统如图2-2所示。每个地下车站分别由两根不同的市政给水管上引入两路水管：一路水管为消防水管，另一路为消防给水管及车站生产、生活给水干管。两路支管上均设置室外水表井（内设蝶阀、水表、伸缩接头、止回阀、蝶阀）。

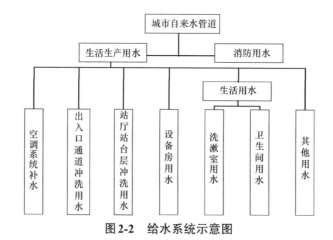

图 2-2 给水系统示意图

2.2.2 排水系统

排水系统分为污水系统、雨水系统、废水系统三类。

污水系统包括粪便及生活污水排水系统；雨水系统包括车站出入口、风亭等水系统和隧道洞口敞开段雨水系统；废水系统包括结构渗漏水、消防废水、冲洗废水、空调系统排水等。

排水系统采用分流制，各类污水分类集中后，就近排入市政排水系统。

2.2.3 室内消火栓给水系统

1. 车站消火栓系统

消火栓系统采用临时高压制式,由消火栓泵+增压稳压装置等构成。车站站厅层消防泵房内设消火栓泵和稳压泵。消火栓管网在车站内呈环状布置,消火栓布置保证两股水柱同时到达室内任何部位,车站长度大于20m的人行通道均按要求设置消火栓箱。

车站室内消防系统在车站两端引入管处的室外消火栓附近各设置2个消防水泵接合器,分别位于车站两端出入口附近。在距水泵接合器15~40m范围内,设与接合器供水量相当的地上式室外消火栓。

2. 区间消火栓系统

大、小里程端相邻地下区间消防管道分别从车站端部的消火栓环网上接出,每条隧道分别引入一根消火栓给水干管,沿隧道行车方向右侧布置,在区间联络通道处相互连通。在进入区间的消防管道上设置手电一体阀。阀门安装在站厅层便于进入和操作的立管上。区间不设消火栓箱,仅设置栓口,但在进入区间车站站台端部适当位置设置2套消防器材箱;并在每一个区间联络通道处均设消防器材箱2套。区间消火栓旁设置消火栓防报警按钮。

2.2.4 自动喷淋系统

车站站厅层面积大于5000m²的站点设置自动喷水灭火系统。自动喷水灭火系统不和生产、生活及消火栓消防给水系统共用。

城市供水管网不满足自动喷水灭火系统供水要求,由消防泵房的喷淋泵、喷淋稳压泵、气压罐、消防水池等向喷淋系统供水。消防水池内储存有喷淋系统用水。消防泵房设自喷淋水泵和稳压泵。

2.3 低压配电系统工程

低压配电系统主要为电源、线路及负荷,即为车站低压配电室配电柜、低压电缆线路及设备配电箱。低压配电系统如图2-3所示。

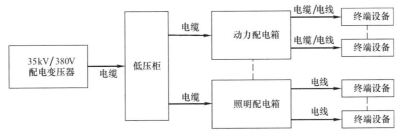

图 2-3 低压配电系统示意

变电所低压侧0.4kV主接线采用单母线分段的接线形式,并设三级负荷小母线。正常运行时,0.4kV母线分段断路器断开,两段低压母线分段运行。当一回电源故障失电时,该回低压进线断路器跳闸,同时切除两段低压母线上的三级负荷,母线分段断路器自动投入，由一台配电变压器供两段低压母线上的全部一、二级负荷，保证地铁的正常运行。

车站及区间应急照明采用EPS电源作为应急电源装置，EPS电源装置的供电容量应满足事故情况下应急照明持续工作不小于1.5h的供电需要。

2.4 装饰装修工程

1. 车站公共区装修工程范围及其特点

车站公共区工程包括标准站车站站厅层、站台层等独立空间的天面、墙面、地面装修工程，全线（包含重点艺术站、一般艺术站、标准站）出入口、雨篷、站外附属结构装修及垂直电梯井道装修，以下工作内容包括但不限于：

（1）站内的公共区（站厅层、站台层）、银行、通道的装修工程；

（2）空间艺术装置、照明工程、电梯井道工程、广告灯箱（包含轨行区）及有源导向标识；

（3）标准站室外地面附属结构装修工程（出入口、风亭、冷却塔、紧急疏散出入口、区间出地面建筑、残疾人电梯）和相应地面附属结构园林景观工程（5m范围内）；

（4）重点站和一般艺术站的无障碍电梯井道钢结构及幕墙、室外地坪和景观工程（花池砌筑、绿化种植）、所有导向标识标牌、广告灯箱、楣头灯箱、物业商铺的装修以及室外其他附属的装修工程等；

（5）全部装修及相关设备的安装、调试、试运转、技术服务等工作内容；

（6）公共区装修涉及的材料物资采购（天地墙装修材料、广告灯箱、导向、栏杆等）。

地铁车站公共区装修与其他大型公共空间建筑装修相比有以下独特的几项特征：

（1）人员流动性大，通行率高；

（2）空间导向性强，导向密度大；

（3）抗震及消防安全等级高，车站内装饰材料均采用不可燃材料；

（4）专业设备多，各专业接口多，施工有难度。

2. 施工流程管理

（1）施工技术准备

首先制定详细的整体工筹计划，保证关键节点的控制。编制工程施工组织各个环节要以技术要求为第一，从基层、墙面、地面、顶棚的施工工艺和接口施工，充分参考成都轨道交通集团有限公司《地铁车站公共区装修标准化手册》及国家现行有关施工验收规范及操作流程的要求，从人员、机械、材料、法规、环境等方面制定预防和保证质量的措施，确保装饰工程施工质量符合相关要求。

（2）施工流程技术要点

施工技术要点按空间大面分为：顶棚工程、墙面工程、地面工程。每个空间面施工都要有详细的施工流程及其技术要点。

（3）收边收口管理

收边收口是一种材质的完结，也是另外一种材质的起始，需要注意细节才能提高品质，可以提升运营期的乘客体验及可维护性。后期验收检查中此项为重点指标。

3. 公区装饰工程中的协调配合

（1）车站公区装修与土建、机电安装、系统安装等施工单位的协调配合

首先组织各单位进行施工界面划分，参照合同内容确定各单位施工范围。对施工图纸进行核对，在施工前，应相互提交施工计划，并提供专业平面布置图，进行各专业图纸的综合叠加，核对各层面各专业设备、终端、管线位置等容易出错的制约点并协调处理，经各单位协商达成一致，再编制专业交叉作业计划，并落实施工。

（2）车站公区装修与设计单位的协调配合

积极组织施工单位与设计单位之间的联系，进一步了解设计意图及工程要求，根据设计意图提出相应的施工实施方案，应该综合考虑施工过程中的各项情况并向设计单位提交可行方案，根据设计院的施工图进行深化设计，报送设计单位审核。

组织施工单位向业主和监理单位提交深化设计计划书，积极落实图纸深化工作。组织施工单位进行施工图纸审查，会同设计单位、材料供应商提出建议，完善优化设计内容和材料选型。

在施工过程中出现的各种情况，应按设计单位的要求处理，定期交换与设计单位的意见，进一步完成细节节点设计，并会同建设单位、监理单位按照总进度与整体效果要求，执行样板铺路、首件验收制度，并在过程中组织质量讲评，奖优罚劣，确保工程质量。

2.5 供电系统工程

2.5.1 供电系统构成

供电系统主要由外电线路及主变电所、中压环网电缆、变电所及电力监控系统、接触网、杂散电流监测防护系统等部分组成。其核心功能为将外电系统的电源引入城市轨道交通供电系统，通过降压、传输、分配、整流及相关控制保护系统，为城市轨道交通所有用电设备进行供电。供电系统如图2-4所示。

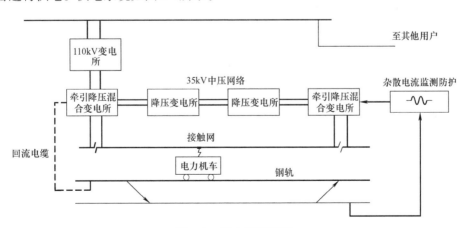

图2-4　供电系统示意

2.5.2 供电方式

城市轨道交通供电系统供电方式是指外部电源的供电方式，主要包括集中式供电、分

散式供电、混合式供电三种供电方式。集中式供电是指由专门设置的主变电所集中为地铁牵引变电所和降压变电所供电的方式；分散式供电是指沿线分散引入城市中压电源为牵引变电所和降压变电所供电的方式；混合式供电多指以集中式供电为主、分散式供电为辅的混合供电方式。目前国内城市轨道交通外部电源供电大都采用集中式供电方式。

2.5.3 中压环网电缆

中压环网电缆是指用以传输电能的高压电缆，其将主变电所与车站变电所、各车站变电所之间通过各种连接方式相连，形成中压供电网络，向全线进行供电，同时可以在一定的故障条件下进行支援供电。

2.5.4 外电线路及主变电所

外电线路及主变电所主要将国家电网电能通过引入、降压后，向各车站变电所进行供电，同时有完整的测量、控制、保护等功能。目前城市轨道交通主变电所引入电压一般为110kV，向各车站变电所的供电电压一般为35kV。主变电所一般设置在轨道交通线路沿线附近，需要综合考虑外电引入距离及线路走向、距车站距离及供电电缆路径、占地位置、环保等各方面因素确定具体位置。

2.5.5 各车站变电所及电力监控系统

轨道交通各车站变电所根据其主要功能可以划分为牵引变电所、降压变电所、跟随式降压变电所，一般情况下同时设置牵引变电所和降压变电所的车站可以合建为牵引降压混合变电所。牵引变电所主要将35kV电源通过降压、整流后，向接触网提供DC1500V或DC750V电源；降压变电所主要将35kV电源通过降压后，向车站内所有用电设备提供400V电源；跟随式降压变电所是降压变电所在地理上的延伸，与降压变电所具有相同的功能。各类型变电所均同时具备相应测量、控制、保护等功能。

2.5.6 接触网

广义的接触网可分为接触轨和架空接触网，其中架空接触网又可以分为刚性接触网和柔性接触网。城市轨道交通根据各自城市的特点综合考虑确定采用接触轨或者架空接触网，目前国内北京、武汉、昆明、天津等地接触网系统主要采用接触轨的形式，上海、杭州、南京、宁波、西安、成都等地接触网采用架空接触网形式。采用架空接触网时，隧道线路区段采用架空刚性接触网，高架线路区段及停车场、车辆段内采用架空柔性接触网，刚性接触网与柔性接触网之间通过刚柔过渡装置连接。

2.5.7 杂散电流腐蚀防护与接地

杂散电流也被称为迷流，是在城市轨道交通直流牵引供电回流中产生的，它会对城市轨道交通系统内外的设备和管线造成一定的危害和影响，尤其会使各种金属管线、金属部件等产生电化学腐蚀，因此需要设置杂散电流腐蚀防护系统对杂散电流进行防护和监测。

杂散电流防护系统可分为排流系统和监测系统。排流系统是在整体道床中设置杂散电流收集网，再通过排流柜进行收集排流，将杂散电流全部流回负极柜；监测系统是通过传感器或测试盒将设置在沿线监测点的结构钢筋及道床钢筋网的极化电位传送到监测装置，由监测装置进行转换后上传并进行综合分析，实时监测城市轨道交通沿线杂散电流的泄漏及腐蚀情况。

2.6 通信系统工程

通信系统由专用通信系统、公安通信系统、乘客信息系统、地铁应急网系统、民用通信系统五部分组成，民用通信系统由移动运营商自建，成都轨道交通6号线三期工程配合民用通信系统预留用房、电源及管线路径。通信系统组成如图2-5所示。

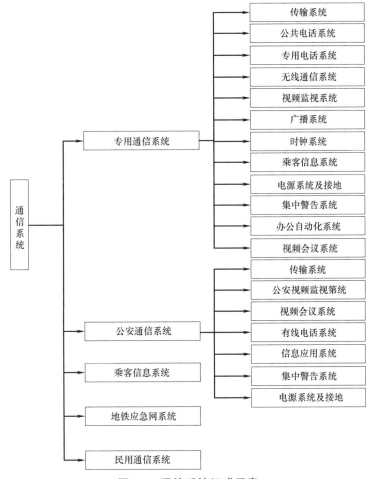

图 2-5 通信系统组成示意

2.6.1 专用通信系统

轨道交通专用通信系统是为轨道交通运营、维护、管理服务，是行车指挥、运营管理的必备工具。为了满足轨道交通运营管理的需要，通信系统必须迅速、准确、可靠地传送各种运营管理信息，这些信息包括语音、数据及图像等信息。通信系统也是向乘客和工作人员传递各种信息的设施之一。为此，通信系统应是一个集传输和交换为一体的综合业务网络。

2.6.2 公安通信系统

地铁公安通信系统是公安通信网在轨道交通范围的延伸，是地铁公安机关开展日常工作，及时发现、快速处置突发事件，保障地铁运营安全，并为相关部门提供科学决策依据的重要技术手段，一般以地铁公安分局、派出所（暂按2个考虑）、警务室三级管理体系。

2.6.3 乘客信息系统

乘客信息系统（PIS）是依托多媒体网络技术，以计算机系统为核心，通过设置在站厅、站台、出入口、列车客室等位置的显示终端，让乘客及时准确地了解列车运营信息和公共媒体信息的多媒体综合信息系统。

2.6.4 地铁应急网系统

地铁应急指挥调度无线通信网是公安、消防、卫生、交通、应急等部门和水电气等公用事业单位应急处置的主要通信手段。公安无线通信的发展依托于市政应急通信网资源。地铁公安使用应急通信开展日常调度和应急处置。

地铁应急网系统多采用800MHz TETRA数字集群通信系统，是由多基站的集群系统形成一个有线、无线相结合的网络，每个基站覆盖区是根据地铁运行特点进行划分，正常运行时各基站由设置在地铁应急网交换中心的无线交换机控制，当基站在与无线交换机通信中断时，可以单站集群方式支持单站系统的正常运行。

2.6.5 民用通信系统

民用通信系统一般由运营商自建，多数地铁工程仅预留民用通信设备用房、外供电源。民用通信设备为一级负荷供电，由低压配电专业从变电所引接两路独立交流电源接至民用通信机房交流配电箱，交流配电箱由低压配电专业提供。由建筑专业为民用通信系统在全线各车站预留民用通信设备机房，满足民用通信设备安装要求。

2.7 综合监控系统工程

2.7.1 综合监控系统

综合监控系统（ISCS）是一个高度集成的综合自动化监控系统，其目的主要是通过集成多个主要弱电系统，形成统一的监控层硬件平台和软件平台，从而实现对地铁主要弱电设备的集中监控和管理功能，对列车运行情况和客流统计数据的关联进行监视，最终达到相关各系统之间的信息共享和协调互动。通过综合监控系统的统一用户界面，运营管理人员能够更加方便、有效地监控管理整条线路的运作情况。综合监控系统如图2-6所示。

为了满足线路中央、车站监控和调度指挥的需求，综合监控系统大多采用三级管理、三级控制的分层分布式结构。三级管理分别是线网（应急）指挥中心、线路中央级和车站级；三级控制分别是中央级、车站级和现场级。其中中央级和车站级上位机监控功能由综合监控系统完成，下位机数据采集、控制功能和现场级控制功能由各集成和互联系统完成。

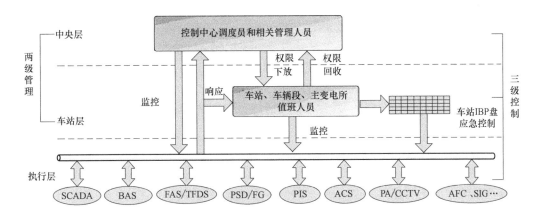

图2-6 综合监控系统示意

综合监控系统通过对地铁各相关机电系统集成和互联，实现系统之间的信息互通和协调互动功能。综合监控系统集成和互联的系统如下：

与综合监控系统集成的系统包括：电力监控系统（SCADA）、环境与设备监控（BAS）、站台门系统（PSD）、火灾自动报警系统（FAS）、电气火灾监控系统、能源管理系统，ISCS通过网络把以上各系统集成起来，完成对全线各集成系统的中央级监控功能和车站级监控功能。

与综合监控系统互联的系统包括：信号系统（SIG）、自动售检票系统（AFC）、视频监视系统（CCTV）、广播系统（PA）、乘客信息系统（PIS）、通信集中告警系统（ALM）、时钟系统（CLK）、无线通信系统（RTS）等。

车站级门禁系统（ACS）与ISCS进行界面集成，在车站级综合监控工作站上对门禁现场级设备进行监控，中央级门禁系统（ACS）与ISCS互联，实现中央ACS独立授权管理功能。

2.7.2 火灾自动报警系统

地铁工程设置火灾自动报警系统，按中央、车站两级调度管理，中央、车站、就地三级监控的方式设置，并负责实现火灾探测、向车站控制室及线路运营控制中心发出火灾警报、报告火灾区域、环境与设备监控系统、综合监控系统配合或独立实现消防设备的联动控制。

火灾自动报警系统由中央级系统、车站级（包括各车站、车辆段、停车场）系统、现场控制级系统、维修管理系统、培训测试平台等组成。

2.7.3 环境与设备监控系统

地铁工程的地下车站、区间隧道内均设有各种正常运营保障设施（包括通风空调设备、给水排水设备、照明设备、自动扶梯、电梯、人防门等）和事故紧急防救灾设施（水消防系统、防排烟系统、应急照明系统等）。为实现对以上设施的集中监控与管理，设置环境与设备监控系统（BAS）。同时，设置BAS可为乘客营造良好的环境、降低能源消耗、节省人力、提高管理水平。在火灾事故或区间阻塞状态下，自动控制相关设备转入灾害模式运行，及时救灾，从而保障人身安全。

环境与设备监控系统组成与火灾自动报警系统相同，分中央、车站、现场控制三个层级系统，同样具有独立的维修测试系统和培训管理系统。BAS控制器通过两个独立的10/100M以太网接口直接与ISCS的交换机相连，集成在ISCS中。为满足BAS的维修管理要求，BAS利用ISCS网络设备的VLAN功能划分逻辑上相对独立的虚拟网络通道，组建BAS全线维修网络。BAS在各车站的通风空调电控室、车辆段、停车场的综合监控设备室配备PLC控制器。ISCS在各车站设置的工作站实现BAS的车站级功能。在控制中心由综合监控系统设置操作员工作站（环调工作站）完成BAS中央级功能，实现BAS中央级在综合监控系统中的集成。

在车辆段维修中心、车站自动化维修工区维修终端、维修打印机均由ISCS统一配置。

2.7.4 门禁系统

地铁工程门禁系统（以下简称ACS）是实现员工进出管理的自动化系统。通过ACS可实现自动识别员工身份；自动根据系统设定开启门锁；自动记录交易；自动采集数据，自动统计、产生报表；并可通过系统设定实现人员权限、区域管理、时间控制等功能。

门禁系统构成分为四层：

（1）线网管理层（预留）：负责对地铁全线网的门禁系统进行授权、监控、管理。

（2）中央管理层：对全线的门禁系统进行授权，实现对全线门禁设备的监控和数据采集，统计分析系统数据，自动生成各种报表。

（3）车站管理层：实现对车站门禁设备的监控，采集相应的系统事件数据，并进行统计分析，自动生成各种报表。

（4）现场级（门禁终端设备层）：实现对指定区域的出入控制。主要设备包括：主控制器、就地级设备（就地控制器、读卡器、电子锁、紧急开门按钮、出门按钮）、门禁卡、传输网络及维修测试系统组成。门禁系统中央级系统与车站级系统通过综合监控系统骨干传输网连接。

2.7.5 安检系统

出于对地铁治安管理和反恐形势严峻的考虑，为确保地铁站线路及站点治安稳定和防恐反恐工作的落实，需在地铁站设置安全保障系统。

安检系统采用X射线等技术对旅客行包进行安全检查，防止旅客携带容易引起爆炸、燃烧、腐蚀或有放射性的物品及枪支、管制刀具等可能危害公共安全的物品。

安检系统由通道式X射线安检仪、易燃易爆化学药品探测设备、液体检查设备、金属探测设备、防爆器材、开包查验站及安检辅助器材构成。

2.8 站台门系统工程

站台门是成都市轨道交通中应用的一种安全节能装置。设置于地铁边缘，将列车与地铁站台候车区域隔离开来，在列车到达和出发时自动开启和关闭，站台门系统主要由门体、门机、电源与控制四个部分组成。

地铁线路所有车站均设置站台门系统，包括屏蔽门和安全门。屏蔽门设在站台边缘，将站台区域与隧道轨行区完全隔离，减少了站台区与轨行区之间冷热气流的交换，列车运行时产生的热量不直接进入车站区域，减小了车站供冷系统的负荷，降低通风与空调系统的能耗，降低运营成本。站台门系统的设置防止人员或物体落入轨道产生意外事故，提高了乘客候车的安全性；屏障列车运行时的噪声，消除列车活塞风对站台的影响，改善了地铁车站的空气质量，保证了乘客候车的舒适度；站台门系统为乘客创造了舒适、安全的候车环境。

2.8.1 屏蔽门的控制方式

1. 系统级控制

系统级别控制在正常运行模式下，由列车司机对屏蔽门进行操作，列车到站并停在允许范围内，列车司机在驾驶室内进行开门和关门操作，命令经信号系统发送至站台门中央界面屏板，由中央界面屏板对屏蔽门控制单元进行控制，实现屏蔽门的控制；当列车停车位置不符合标准时，列车车门及站台屏蔽门皆不能开启，屏蔽门关妥前列车不能启动。

2. 站台级控制

站台级别控制是列车司机在站台屏蔽门现场控制屏板上对屏蔽门进行操作的控制方式。当系统控制不能正常实现时，如站台屏蔽门中央界面屏板对屏蔽门控制单元控制失效等故障状态下，列车司机在站台屏蔽门现场控制屏板上进行开门、关门操作，实现屏蔽门的站台级控制。

3. 手动控制

手动操作是由站台人员或乘客对屏蔽门进行操作。当控制系统电源故障或者个别屏蔽门操作机构发生故障时，站台工作人员在站台侧用钥匙或者乘客在轨道侧用开门把手打开屏蔽门。

2.8.2 屏蔽门的分类

屏蔽门按其功能分为两类：闭式屏蔽门和开式屏蔽门。

1. 闭式屏蔽门

闭式屏蔽门是一道自上而下的玻璃隔离墙和活动门，沿着站台边缘和端头设置，能把站台候车区与列车进站停靠区完全隔离，这种闭式屏蔽门除能保障乘客的安全外还有隔离区间隧道内气流与车站内空调环境之间的冷热气流交换的作用，其多用于设有空调系统的站台。目前国内地铁地下车站多采用闭式屏蔽门。

2. 开式屏蔽门

开式屏蔽门分为全高开式屏蔽门和半高开式屏蔽门。

全高开式屏蔽门也是一道自上而下的玻璃隔离墙和活动门，但顶端与轨行区不完全封闭，仅能把站台候车区与列车进站停靠区完全隔离，能起到保障乘客安全和阻挡列车进站气流对乘客影响的作用，但不能阻挡车站于轨行区的冷热交换，多用于没有空调系统的地下站台。

半高开式屏蔽门是一道上不封顶的玻璃隔离墙和活动门,主要安装在地面车站及高架车站,或者顶部无安装条件的地下车站。与全高开式屏蔽门相比,它的结构简单、高度低,空气可以通过屏蔽门上部流通,造价相对较低,能起到一定的隔声降噪作用,国内地上车站多采用该种方式。

2.9 气体灭火系统工程

气体灭火系统是以某些气体作为灭火介质,通过这些气体在整个防护区内或者保护对象周围的局部区域建立起灭火剂浓度实现灭火。气体灭火系统一般由灭火剂贮瓶、控制启动阀门组、输送管道、喷嘴和火灾探测控制系统组成。通常按使用的气体灭火剂分为卤代烷灭火系统、二氧化碳灭火系统和蒸汽灭火系统。气体灭火系统主要用于不能用水扑救的部位,如电信机房、电气设备房、广播电视设备房、发电机房等。

气体灭火系统按使用的灭火剂可分为二氧化碳灭火系统、七氟丙烷灭火系统、混合气体灭火系统等。按应用方式可分为:全淹没灭火系统和局部应用灭火系统。成都轨道交通6号线三期气体灭火系统分为两个部分:报警控制系统和自动灭火管网系统。报警控制系统由火灾报警主机、气体灭火主机、输入模块、烟感探测模块、声光警报器、放气指示灯等组成。管网系统采用混合惰性气体灭火系统,按全淹没组合分配系统进行设计。灭火剂由52%N、40%Ar和8%CO_2的混合气体组成,灭火机理以窒息灭火为主。停车场采用七氟丙烷灭火系统。

气体灭火系统的工作原理:气体灭火系统防护区发生火灾后,首先火灾探测器动作,向火灾报警灭火控制器报警,并确认发出声、光报警信号,同时启动联动装置(关闭防护区开口、停止空调和通风机等),延时一定时间(一般30s)后打开启动气瓶的瓶头阀(延时主要的目的是:1)考虑防护区内人员疏散;2)及时关闭防护区的开口;3)判断有没有必要启动气体灭火系统),利用气瓶中的高压氮气将灭火剂储存容器上的容器阀打开实施灭火。灭火施放时,压力开关动作并发出反馈信号,灭火控制器同时发出施放灭火剂的声、光报警信号。

气体灭火系统的管网灭火系统应设自动控制、手动控制和机械应急操作三种方式。其中气体灭火的自动控制如图2-7所示。

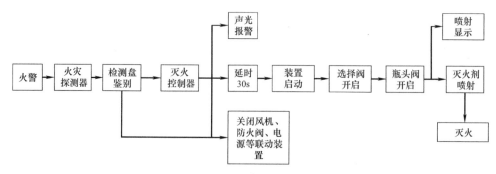

图2-7 气体灭火的自动控制

2.10 多联机系统工程

多联机俗称"一拖多",指的是一台室外机通过配管连接两台或两台以上室内机,室外侧采用风冷换热形式、室内采用直接蒸发换热形式。多联机是一种使用制冷剂的空调系统,以制冷剂为输送介质,室外主机由室外侧换热器、压缩机和其他制冷附件组成,末端装置是由直接蒸发式换热器和风机组成的室内机。一台室外机通过管路能够向若干室内机输送制冷液体。通过控制压缩机的制冷循环量和进入室内各换热器的制冷剂流量,可以适时地满足室内冷、热负荷要求。多联机主要由室外机、室内机、冷媒管、冷凝水管、通风管道、风口、制冷剂、控制系统组成,用于地铁车站设备管理用房。

3 施工管理组织机构

组织是目标能够实现的决定性因素，对建设指挥部而言，组织管理是施工总承包管理目标能否实现的决定性因素，因此轨道交通工程施工总承包管理的首要任务就是根据建设工程项目的特点进行科学合理的组织管理。

3.1 施工管理组织机构的建立

3.1.1 组织机构设置原则

科学合理的组织机构设置与职能划分对组织机构运转效率提升和管理目标实现有着至关重要的作用，组织机构的设置除应遵循常规组织机构设置的原则外，尚应遵循以下设置原则：

（1）组织机构的设置应与上级单位的管理体系相适应，业务系统对接应确保顺畅，便于上级单位的对口管理。

（2）组织机构的设置应与合同要求及项目特征相适应，能够承担合同条款中规定的管理职能，能够确保管理目标的顺利实现。

（3）组织机构的设置应力求扁平化，避免管理层级过多、业务流程过长，应确保精简、高效、协调、统一，从而降低管理成本，提升管理效能。

3.1.2 总承包管理单位组织机构设置

本书以中建成都轨道交通投资建设有限公司（以下简称"项目公司"）为例，项目公司由董事会和建设指挥部两级组成。

董事会设董事会办公室，综合承担项目建设履约之外的管理职能，包括投融资、财务、法律合约及董事会日常事务管理等。建设指挥部主要履行工程总承包管理职责，负责项目建设履约及业主对接协调等，对外与项目公司按"两块牌子、一套班子"运作。如图3-1所示，指挥部领导层由7名班子成员组成，并应设置副总工程师、质量总监和安全总监各1名，下设9个职能部门和1个驻地工程师组，指挥部组织架构如图3-1所示。职能部门有：安全生产监督管理部、质量管理部、征拆工作部、工程管理部、机电管理部、技术部、商务合约部、财务资金部、综合办公室。

3.1.3 建设指挥部各部门管理职能划分

建设指挥部对外以项目公司的名义进行建设履约和对接协调，对内承担工程总承包管理职能，负责项目建设履约管理，包括计划统筹、工程管理、招标采购、技术管理、安全质量管理、设计、法务合约、商务管理等；负责检查、考核各标段施工单位的建设履约行为；协调解决项目建设中的技术、质量、安全及障碍问题。建设指挥部各部门具体管理定位及职能分工如下：

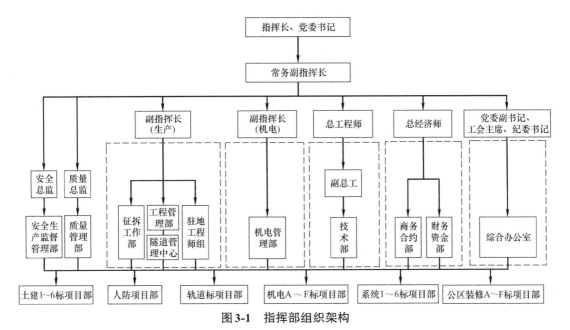

图 3-1 指挥部组织架构

1. 机电管理部

负责站后机电装修工程的整体统筹；负责站后机电装修工程各标段的协调与生产调度；负责与建设单位及政府相关业务机电管理部门的对接工作。

（1）工程管理

负责编排站后机电装修工程各标段的生产计划；负责落实督办机电各标段完成施工的生产任务；负责协调各标段之间的生产接口工作。

（2）技术管理

负责站后工程施工组织设计及重大技术方案的编制和实施；负责站后工程设计院的沟通与联络；负责站后工程资料管理和测量管理的过程实施工作；负责站后工程科技成果管理的实施工作；负责机电相关的试验和检测工作。

（3）安全管理

落实国家安全法律法规、方针政策，负责安全专项方案在现场的实施；负责制止标段违反安全生产要求的行为；督促消除日常巡查和周检查中发现的安全隐患。

（4）质量管理

负责站后样板工程的实施工作；负责重点部位、关键工序质量验收；负责组织分部工程、分项工程验收工作；负责机电工程的质量监督管理。

（5）商务管理

负责招标文件技术部分的编制及审核工作；负责对现场实际完成工程量进行审核。

2. 工程管理部

负责指挥部总体产值的统计与对外报送；负责土建工程移交与协调；负责轨行区统筹管理；归口政府部门、工程局、业主等对口管理部门的沟通与联络。

3. 技术部

统筹站后工程设计院的沟通与联络；统筹站后工程的工程资料策划和移交；统筹站后工程各专业间测量策划和协调；统筹站后工程的试验和检验工作；负责装修工程相关的试验和检测工作（设备区装修及公共区装修）；统筹站后工程施工组织设计及重大技术方案指导和审批管理；归口政府部门、工程局、业主等对口管理部门的沟通与联络。

4. 安全生产监督管理部

统筹站后工程的安全生产与环保、文明施工监督管理；监督站后施工单位按合同建立安全与环保管理体系；牵头对站后工程月度、季度、年度专项安全检查与奖罚；归口政府部门、工程局、业主等对口管理部门的沟通与联络。

5. 质量管理部

统筹站后工程质量监督管理；负责装修工程的质量监督管理（设备区装修及公共区装修）；监督站后施工单位按合同建立质量体系；监督站后工程质量相关方针政策、法律法规、标准规范的贯彻落实；负责站后单位工程竣工验收；牵头站后工程的创优工作；归口政府部门、工程局、业主等对口管理部门的沟通与联络。

6. 商务管理部

统筹概算修编；统筹施工单位、设备、物资招采工作；统筹各站后标段验工计价，负责各标段分包结算和变更费用的办理、审核。

7. 驻地组

驻地成员由驻地组长统一协调安排；驻地组长统筹现场管理工作，重点负责站后工程现场施工中的安全管理、站前站后移交协调，参与质量监督，掌握现场标段资源情况，及时报告进度的日、周、月执行情况，与指挥部各职能部门保持紧密沟通联络，参与标段图纸会审、重要施工方案评审、开工条件验收等；机电驻地重点负责站后机电装修工程的现场质量、进度、资源管理，与指挥部机电管理部保持沟通联络。

各部门管理职能划分见表3-1。

建设指挥部各部门管理职能划分表 表3-1

类别	事项	机电管理部	工程管理部	技术部	安全生产监督管理部	质量管理部	商务管理部	职责范围
工程管理	站后产值、形象进度报送	△	▲				△	主责：工程管理部负责牵头针对除业主设备部其他相关单位的关于站后涉及产值、工程形象进度的报表统计及报送工作； 配合：机电管理部负责牵头针对业主设备部关于站后涉及产值、工程形象进度的报表统计及报送工作；商务管理部配合进行产值计算工作
	地盘移交	△	▲					主责：工程管理部负责组织标段地盘移交管理工作并督促土建单位按时向机电单位进行地盘移交 配合：机电管理部督促机电标段对已移交的站点开展地盘管理工作

续表

类别	事项	机电管理部	工程管理部	技术部	安全生产监督管理部	质量管理部	商务管理部	职责范围
工程管理	对接指挥部上级单位	△	▲					主责：工程管理部负责对接指挥部上级单位的会议、报表、活动等； 配合：机电管理部配合提供相关材料或参加
技术管理	施工组织设计与施工方案管理	▲		△				主责：机电管理部负责组织编写施工组织设计和重大专项施工方案（A类）及实施； 配合：技术部牵头组织标段施工组织设计和重大专项施工方案（A类）指挥部内部评审，并存档施工组织设计和专项施工方案（A类），备案除（A类）外的施工方案电子档
技术管理	设计	△		▲				主责：技术部统筹对接业主设计管理部和线路设计院的协调工作； 配合：机电管理部负责对接设计院
技术管理	图纸收发	△		▲				主责：技术部负责图纸统一收发并建立管理台账； 配合：机电管理部协助发放图纸
技术管理	图纸会审、设计交底和设计变更	▲		△				主责：机电管理部负责图纸会审、设计交底管理和设计变更审查等具体技术工作； 配合：技术部参与图纸会审、设计交底和设计变更相关会议，存档相关记录并建立管理台账
技术管理	科技研发、科技创效和成果管理	▲		△				主责：机电管理部负责站后工程科技课题、科技示范工程、绿色施工示范工程和科技创效的具体实施； 配合：技术管理部统筹管理科技示范工程、绿色施工示范工程的策划，建立项目总体科技成果管理台账
技术管理	工程资料	△		▲		△		主责：技术部负责工程资料的策划和指导；负责对接业主档案管理部门和市城建档案馆，统筹竣工档案移交管理； 配合：机电管理部负责工程资料的具体实施
技术管理	测量管理	△		▲				主责：技术管理部负责业主第三方测量和监测单位，协调各单位、专业间测量和监测工作衔接； 配合：机电管理部负责测量实施管理
技术管理	试验管理	△		▲				主责：技术部统筹站后工程的试验和检测工作；负责装修工程的试验和检测工作（设备区装修和公共区装修）； 配合：机电管理部负责机电相关的试验和检验工作

续表

类别	事项	机电管理部	工程管理部	技术部	安全生产监督管理部	质量管理部	商务管理部	职责范围
技术管理	施工计划	▲		△				主责：机电管理部负责站后工程里程碑节点，总进度计划，年、季、月等施工计划的制定和实施； 配合：技术部统筹内部计划管理，负责内部计划的统一下发
	对接工作	△		▲				主责：技术部负责对接业主技术与工程管理部主管的相关工作； 配合：机电管理部协调对接业主技术和工程管理部主管的相关工作
安全管理	安全管理制度	△			▲			主责：安全生产监督管理部负责牵头组织制定、修订各类安全文明施工等管理制度及标准； 配合：机电管理部负责对各项安全管理制度的实施
	安全管理总交底	△			▲			主责：安全生产监督管理部负责牵头组织对标段项目部进行安全管理总交底； 配合：机电管理部负责日常的安全教育、交底
	发布重大危险源	△			▲			主责：安全生产监督管理部统筹组织辨识发布站后机电装修工程重大危险源； 配合：机电管理部配合辨识站后机电装修工程重大危险源
	专项安全检查	△			▲			主责：安全生产监督管理部负责牵头组织各类安全专项检查与考核，并督促隐患与不合规项整改； 配合：机电管理部负责组织落实站后机电装修工程安全专项方案，负责制止标段违反安全生产要求的行为；消除日常巡查和周检查中发现的安全隐患；负责组织迎接业主机电部牵头的各类安全文明施工专项检查
	安全活动/应急演练	△			▲			主责：安全生产监督管理部负责牵头组织开展"安全生产月""行为安全之星"等活动；负责牵头组织站后单位安全生产应急救援演练与应急救援工作； 配合：机电管理部配合开展"安全生产月"、"行为安全之星"等活动；协调站后单位安全生产应急救援演练与应急救援工作
	安标工地、安全观摩	△			▲			主责：安全生产监督管理部负责统筹站后各标段开展安全达标工地申报及验收，安全观摩等工作； 配合：机电管理部协调站后各标段开展安全达标工地申报及验收，安全观摩等工作

3 施工管理组织机构

续表

类别	事项	机电管理部	工程管理部	技术部	安全生产监督管理部	质量管理部	商务管理部	职责范围
安全管理	安全事故	△			▲			主责：安全生产监督管理部负责及时、如实报告生产安全事故；牵头开展生产安全事故调查分析，出具事故处理意见书，并建立安全事故台账； 配合：机电管理部配合开展生产安全事故调查分析，根据生产安全事故处理意见书督促项目部整改落实
安全管理	对接工作	△			▲			主责：安全生产监督管理部负责对接业主安质部、市质监站轨道分站、上级安监部门；统筹完成上述单位各类指令的处理； 配合：机电管理部负责对接业主机电部、监理；组织落实业主机电部、监理的安全类指令
质量管理	质量体系及制度建设	△				▲		主责：质量管理部督促项目部建立健全质量管理机构，发布相关质量的技术标准、质量标准化图册、质量计划及图册，监督质量管理体系运行情况；审核质量标准化图册、质量计划及制度； 配合：机电管理部制定相关质量技术标准，编制质量标准化图册、质量计划及制度，并落实实施
质量管理	样板工程方案审核	▲		△		△		主责：机电管理部负责样板工程方案编制、评审与实施； 配合：技术部、质量管理部参与样板方案的评审
质量管理	样板工程验收工作	△	△	△	△	▲		主责：质量管理部负责组织机电样板工程的验收工作； 配合：机电管理部负责机电工程样板的实施，机电管理部、安全生产监督管理部、工程管理部、技术部参与验收工作
质量管理	质量专项检查、巡查	▲				△		主责：机电管理部组织开展质量专项检查、巡查； 配合：质量管理部参加质量专项检查、巡查
质量管理	重点部位、关键工序质量验收	▲				△		主责：机电管理部制定重点部位、关键工序质量验收计划，并进行监督、抽检； 配合：质量管理部参与制定重点部位、关键工序质量验收计划，并进行监督、抽检

续表

类别	事项	机电管理部	工程管理部	技术部	安全生产监督管理部	质量管理部	商务管理部	职责范围
质量管理	分部工程及以下工程验收	▲	△	△		△		主责：机电管理部负责组织分部工程、分项工程验收工作； 配合：质量管理部、工程管理部、技术部配合验收
	单位工程及以上工程验收	△	△	△		▲		主责：质量管理部负责组织单位工程及以上验收工作； 配合：机电管理部配合完成单位工程验收，工程管理部、技术部参与验收工作
	月度质量系统例会	▲				△		主责：机电管理部组织召开月度质量系统例会； 配合：质量管理部参加月度质量系统例会
	质量培训	▲				△		主责：机电管理部组织召开站后工程质量培训； 配合：质量管理部参加站后工程质量培训
	站后工程质量相关QC活动	▲		△		△		主责：机电管理部组织开展QC活动，完成成果申报工作； 配合：质量管理部、技术部参与QC活动开展、成果申报工作
	质量控诉及质量事故（事件）调查处理	△	△	△	△	▲	△	主责：质量管理部牵头开展质量事故（事件）调查分析，出具事故（事件）处理意见书，并建立质量事故（事件）台账； 配合：机电管理部、安全生产监督管理部、工程管理部、技术部、商务管理部配合开展质量事故（事件）调查分析，根据质量事故（事件）处理意见书督促项目部整改落实
	创优工作	△	△	△		▲		主责：质量管理部牵头全线创优工作，参加站后工程过程创优工作； 配合：机电管理部配合全线创优工作，负责站后工程过程创优工作；工程管理部、技术部配合全线创优工作，参加站后工程过程创优工作
商务管理	概算	△					▲	主责：商务管理部负责概算修编工作，汇总各标段概算问题并提交业主、设计牵头单位、财评牵头单位等，牵头对接财评单位； 配合：机电管理部负责审核各机电专业概算问题并提交商务部汇总，协调各机电专业与设计院（机电）、财评单位（机电）的对接工作

续表

类别	事项	机电管理部	工程管理部	技术部	安全生产监督管理部	质量管理部	商务管理部	职责范围
商务管理	招标文件	△					▲	主责：商务管理部负责招标文件商务部分的编制、评审、报审，招标答疑的收集、回复、评审、报送，发送各潜在投标人，组织开标、评标专家抽取、评审、招标结果报审，公示中标候选人、发布中标通知书，合同草拟、评审、签订、交底； 配合：机电管理部负责招标文件技术部分编制、招标答疑技术部分回复、招标结果技术文件复核、与业主机电部的对接
	设计变更（费用变更）	▲		△			△	主责：机电管理部负责审核各标段设计变更、协调技术部对业主出具设计变更通知书及变更图； 配合：商务管理部负责各标段变更费用申请的审核、报审，协调各标段与咨询单位、业主合约部的对审，督促出具审核报告，存档相关记录并建立管理台账；技术部参与审核各标段设计变更，负责对业主出具设计变更通知书及变更图
	验工计价	△					▲	主责：商务管理部负责牵头各站后标段进行验工计价，督促各标段及时完成清单更新、完成现场工程量的确认、审核各标段编制的验工计价资料，协调各标段与监理、咨询、业主的对审，及时出具审核报告，负责完成汇总各标段验工计价及汇总计价资料的后续报审流程、第二部分工程的申报，验工计价支付申请的签认； 配合：机电管理部负责审核各标段现场完成的工程量、签认现场形象进度，对接业主机电部对形象进度签认
	分包结算	△					▲	主责：商务管理部负责各标段分包结算的办理、审核； 配合：机电管理部负责对现场实际完成工程量进行确认、现场履约评价、提供扣/罚款资料等

注：▲代表主管部门，△代表协管部门。

3.2 施工标段项目部的组织管理

3.2.1 标段划分

标段划分应遵循以下基本原则：

23

（1）符合合同要求。根据项目合同要求：机电工区划分工程量相近，每个机电工区资源投入相当；施工难度尽量均摊，原则上不得跨监理标段划分，且同个监理标段范围内机电工区不得超过2个，同一工区不得跨监理标段划分，轨道施工划分为1个工区。

（2）划分责任明确。责任明确是划分标段的重要原则，责任在一个标段中能不能被明确地认定是划分标段正确与否的基本判定依据。

（3）专业施工原则。根据合同文件中标段划分规定，同时结合专业特点，按照通风空调系统工程、给水排水及消防系统工程、低压配电工程、装饰装修工程、供电系统工程、通信系统工程、综合监控系统工程等划分标段，采用专业化队伍施工。

（4）施工组织优化原则。服从总体施工部署与工筹的安排，根据工程特点与现场实际情况，结合施工队伍情况，优化资源合理配置，促进均衡利用生产，确保工程安全质量和投资效益，合理划分标段数量。

（5）确保工期原则。以业主工期目标为中心，以分项工程进度为重点，以单项工程工期确保标段节点工期，以标段节点工期确保里程碑工期实现。

（6）经济高效原则。根据工程项目的自身条件平衡经济与高效的关系，找到一个最佳的标段划分方案，实现效率与经济的统一。

3.2.2 标段项目部组织机构设置及人员配置管理

1. 基本要求

（1）标段项目部进场后，应及时将项目部组织机构设置、主要领导岗位人员名单及管理人员配置计划报送建设指挥部审核，对于不符合要求的应提出调整意见。

（2）原则上要求标段项目部的职能部门设置应与建设指挥部的职能部门设置相对应，方便对接和管理。

（3）标段项目部项目经理、项目总工程师、生产副经理、安全总监等主要领导岗位人员的任职资格应满足合同要求。

（4）标段项目部专职安全生产管理人员的配置应不低于国家及行业相关规定，并应持证上岗。

2. 标段项目部常见组织机构形式

项目部领导层由项目经理、项目总工程师、生产经理、安全总监、质量总监组成，下设站长、专业工长、质检员、安全员、BIM工程师、政工及后勤。

城市轨道交通工程机电施工标段项目部的常见组织机构设置如图3-2所示。

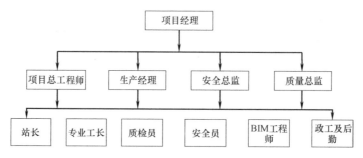

图3-2 某机电标段项目部组织机构

4 工期计划管理

为确保总工期目标实现,将工程总工期目标分解成若干施工阶段,制定阶段性工期节点控制目标,以阶段性工期节点目标的实现来确保总工期目标完成。根据工程进度计划要求,合理划分施工阶段,并对各施工阶段进行分解,突出关键控制节点。在施工中针对各施工阶段的重点和有关条件,制定详细的施工方案,安排好施工顺序,实现流水作业,做到连续均衡施工。

4.1 相关单位管理职责分配

总体工程筹划管理职责分配见表4-1。

总体工程筹划管理职责分配表   表4-1

职能	职责分配		
	建设指挥部	施工单位	标段项目部
总体工程筹划的制定	根据初步设计及业主里程碑工程要求,牵头各标段项目部制定并下达全线总体工程筹划	配合建设指挥部完成总体工程筹划的制定,特别是生产资源的投入计划	摸排项目实际情况,配合建设指挥部完成总体工程筹划的编制
总体工程筹划的动态管理	根据总体工程筹划制定全线里程碑、一、二级节点,并根据节点对各标段项目部施工生产进行监督、落实和考核;对影响里程碑、一、二级节点工期的问题牵头组织处理;现场实际条件发生重大变化影响总体工程筹划时,牵头组织标段项目部调整总体工程筹划	根据建设指挥部下达的里程碑、一、二级节点,组织标段编制实施性施工生产计划;现场工期滞后时,及时组织进度分析会,监督标段项目部落实纠偏措施,并提供资源保障	根据建设指挥部下达的里程碑、一、二级节点,组织标段编制实施性施工生产计划;现场工期滞后时,提出纠偏措施,并按措施落实;现场实际条件发生重大变化影响总体工程筹划时,及时提报建设指挥部调整总体工程筹划

生产计划管理职责分配见表4-2。

生产计划管理职责分配表   表4-2

职能	职责分配		
	建设指挥部	施工单位	标段项目部
生产计划的制定	根据总体工程筹划审核、调整标段项目部上报的年度、季度、月度生产计划	配合建设指挥部下达的年度、季度、月度生产计划提供资源保障	提报年度、季度、月度生产计划,并按建设指挥部要求调整上报的生产计划;现场资源不满足生产计划要求时,及时提报施工单位进行资源保障

续表

职能	职责分配		
	建设指挥部	施工单位	标段项目部
生产计划的执行	督促标段项目部按生产计划落实	督促标段项目部按生产计划落实	按建设指挥部下达的生产计划落实
完成情况的统计	审核标段项目部上报的完成情况统计，并作最终确认	督促标段项目部按时提报年度、季度、月度完成统计情况	按时提报年度、季度、月度完成统计情况
生产计划的考核	根据生产计划及完成情况统计，组织施工单位及标段项目部进行考核	配合建设指挥部完成生产计划的考核	配合建设指挥部完成生产计划的考核
生产计划的调整	审核标段项目部对生产计划的调整措施及节点调整的申请；节点发生重大变化时组织标段项目部调整总体工程筹划	配合完成生产计划的调整措施，提供资源保障	根据节点要求及现场实际情况提出进度纠偏措施，并对建设指挥部审核确认的措施进行落实；对节点无法完成的及时提报建设指挥部调整节点

4.2 总体工程筹划管理

4.2.1 总体工程筹划的制定

1. 总体工程筹划的主要内容

总体工程筹划是指导轨道交通线路施工的总体依据，是建设指挥部指导全线施工的主要线路，也是标段项目部编制施工性施工生产计划的基本依据。主要内容应包括：工程概况、标段划分、主要进度指标、里程碑节点、主要资源配置以及总体工程筹划图等。

2. 总体工程筹划的编制与审批

项目启动后，建设指挥部根据初步设计工程筹划和业主里程碑工期要求，牵头各标段项目部制定全线的总体工程筹划，组织建设指挥部各部门评审通过后下达各标段项目部。

4.2.2 总体工程筹划的动态管理

1. 总体工程筹划的监督与执行

总体工程筹划编制下发后，建设指挥部根据各标段项目部一级工期节点以及分解后的二级工期节点，每月机进行研判和通报预警。机电工程一、二级节点具体见表4-3。

机电工程节点划分　　　　　　　　　　　　　　　表4-3

工期类型	节点项目
一级节点工期	全线环网电通 全线轨行区移交 全线完成全功能测试 全线车站移交 车辆段/停车场/控制中心整体移交

续表

工期类型	节点项目
二级节点工期	接触网电通时间 热滑时间 轨行区具备移交条件：站台层封闭及屏蔽门安装达到封闭轨行区的条件，区间照明投用、区间泵房投用、区间通信（800M）投用 车辆段/停车场具备运营人员入驻条件 控制中心具备调度投用条件 主变电所具备一路电源投用 车站全功能测试分批完成时间 车站设备区分批移交运营时间 车站公共区（含2个出入口）分批移交运营时间 车站室外附属分批移交运营时间

通报预警分为三个等级，具体见表4-4。

通报预警等级划分标准　　　　　　　　　　　　　　表4-4

预警等级	划分标准
红色	符合下列条件之一的工程项目界定为红色预警： （1）一级节点工期目标出现重大延误，通过采取赶工措施难以按时完成，无法满足合同工期要求的项目。 （2）业主因工期问题直接给公司发函造成严重不良影响的项目。 （3）已采取橙色预警措施，但没有明显改善的项目。 （4）二级节点工期滞后60天以上的项目
橙色	符合下列条件之一的工程项目界定为橙色预警： （1）一级节点工期目标出现重大延误，通过采取赶工措施可以按时完成，能满足合同工期要求的项目。 （2）工程进度出现严重滞后，二级节点工期滞后30天以上的项目。 （3）现场施工生产组织不力，重大资源配置不足，管理不善，连续超过3个月生产计划完成率不足70%的项目。 （4）业主因工期问题给建设指挥部发函造成不良影响的项目。 （5）出现重大安全质量隐患的项目。 （6）已采取黄色预警措施，但没有明显改善的项目
黄色	符合下列条件之一的工程项目界定为黄色预警： （1）施工遇到难以协调的问题，影响施工进度的。 （2）二级节点工期滞后15天的项目。 （3）标段之间出现接口管理，需要建设指挥部协调的项目。 （4）连续2个月生产计划完成率不足70%的

2. 总体工程筹划的优化调整

总体工程筹划制定下发后，建设指挥部根据标段项目部现场实际施工进度情况，对总体工程筹划与现场实际情况进行对比并及时进行更新和调整，保证总体筹划对现场施工的指导性、时效性，并合理有效地指导现场编制针对性强的施工计划。

有如下情况发生时，需进行总体工程筹划的调整：

（1）施工进度发生较大偏差

1）当原有工期节点不能完成，导致后续施工无法按期开展，必须增加抢工措施时，施工组织需进行调整，总体工程筹划也需要进行调整；

2）当进度指标较工筹指标有较大提升时，原有资源投入可以相应减少，因而带来工筹的调整。

（2）施工工法发生调整

当施工工法发生调整，特别是隧道施工工法的调整，对轨道交通施工组织影响较大，此时资源投入的种类和数量需根据工法重新考虑。

4.2.3 生产计划的制定

1. 生产计划的分类

生产计划按阶段可分为年度计划、季度计划、月度计划和周计划。

2. 编制时间

各标段项目部于当年12月18日前上报次年年度计划，于每年3月、6月、9月、12月25日前上报下季度计划，于每月25日前上报下月计划，下一周的计划必须在每周五前完成编制。

3. 编制内容

生产计划主要包含两部分内容：当期形象进度与当期产值。

形象进度统计时间段按月度、季度、年度分别为：月度计划统计起止时间为上月的26日至本月的25日（其中1月为1月1日至1月25日，12月为11月26日至12月31日）；季度计划统计起止时间为上季度末月26日至本季度末月的25日（其中第一季度为1月1日至3月25日、第四季度为9月26日至12月31日）；年度计划统计时间段为1月1日至12月31日。产值需按建设指挥部规定的概算标准对当期形象进度进行核算。

计划编制应满足下一级计划以及上一级计划工期节点要求，即年度计划应满足总体计划节点工期要求，季度计划应满足年度计划节点要求，月度计划应满足季度计划节点要求。

标段项目部在编制各阶段计划时，需要同时考虑相应的资源计划以及工作计划以保证生产计划的实施。

4. 编制及报审程序

生产计划由标段项目部专职计划统筹人员编制，经标段项目部项目经理审核完成后报建设指挥部审核，建设指挥部技术部专职计划管理人员审核并根据节点要求进行调整完成后，报建设指挥部工程部及商务部审核，再报建设指挥部分管生产副指挥部长及指挥长审核完成后以红头文件形式正式下发。

4.2.4 生产计划执行与完成情况统计

建设指挥部工程部负责监督生产计划的执行，通过日常巡查及组织每月、每季度履约考核对现场实际情况进行了解，同时将进度滞后的工点及时反馈至建设指挥部。标段项目部根据现场实际生产情况按时上报日报、周报以及月报，报工程部审核确认。

4.2.5 生产计划的考核

建设指挥部工程部在每月末及季度末组织全线履约考评检查，检查结束后组织召开当月生产调度会，会上根据当月及当季度完成情况统计与生产计划对比分析，对各标段项目部进行考核及相应的奖罚。

4.2.6 生产计划的调整

建设指挥部技术部专职计划统计人员根据工程部反馈的上期完成情况以及节点预警情况，牵头组织标段项目部召开进度分析会，提出进度纠偏措施，标段项目部负责落实纠偏措施，建设指挥部工程部负责监督执行情况。

4.3 施工工序组织

根据土建进度及场地移交情况合理安排、精心组织。首先进行新通大道站（样板站）机电安装施工，样板站工艺经业主、监理等认可后，各标段按照样板段工艺进行施工。各车站土建施工应按照各系统设备进场时间优先完成关键设备房区域主体结构，及时移交给装修施工单位，装修完成后各机电系统单位再进场施工。站内空间有限，各机电系统可根据现场实际情况采取顺序作业、流水作业、平行作业、立体交叉平行流水作业等方式以提高工效。根据轨道专业进度计划及现场条件，适时跟进区间机电系统相关施工内容。部分区间"短轨通"后机电系统施工单位即可进场施工。

项目部应计划安排多个作业面同步展开施工，按照工序作业流程以"流水作业方式为主、交叉作业方式为辅"的方式推进施工。在与相关的土建工程或轨道工程互不影响施工的前提下积极介入，为后续作业创造条件。项目内装饰装修与风、水、电施工相互影响的工序采取交叉作业的方式，区间施工需利用轨道车作业的工序紧随铺轨作业推进施工。

机电安装施工原则如下：

（1）施工总体思路：以BIM深化设计为引导，在施工前期通过通信、综合监控等机电系统及装修的深化设计明确设备、管线、顶棚、饰面板、石材、相关孔洞的排布，保证站内各机电系统功能实现的同时为装修提供条件，呈现更好的装修效果。

（2）管线施工布置原则：以综合管线图为基础进行现场实测，按环控→给水排水及消防→动力照明（电力）→弱电→其他专业的顺序安排各专业的管线安装。管线交叉处，根据"小让大、软让硬、弱让强（电压等级）、有压让无压"的原则布置。

（3）设备安装施工原则：按照"先大后小，先里后外，先主后次"的顺序就位。设备接线前，按专业联系供应商进行现场操作指导，确保接线正确。设备调试时，严格按照调试计划进行，经确认单机调试完成方可进行单系统调试。

区间具备施工条件后，立即组织人员进场，开始进行动力照明、消防水管、废水泵房及压力排水管道、供电、通信等项目施工，以便按计划实现区间电通（提供区间照明）、水通（冲洗隧道）及排水功能、电话通。隧道风机的安装要严格按照"轨行区施工作业管理办法"的要求，取得相应的作业手续后方可进行施工。施工工序组织如下：

（1）设备区

第一步：土建主体结构完工后交接给装修单位。装修单位先进行牵引变电所、低压配电室、通信、信号、综合监控、车控室等关键机房的粉刷、油漆等施工，装修到一定程度即可交接给机电施工单位。其他区域按重要程度依次交接。

第二步：各机电系统单位进行相关铁件安装。铁件包括但不限于：综合支吊架、钢管、走线槽、接线盒、机柜底座等。各专业安装原则上按从上到下、从里到外的顺序依次进行。

第三步：各机电系统单位进行线缆敷设。

第四步：各机电系统单位进行设备安装及单机调试。

第五步：装修单位进行缺陷整改和收尾。

（2）公共区

考虑到公共区顶部喷黑可能对其他设备安装造成的污染及安装工艺支吊架的贴顶要求，公共区的装修及设备安装分四步进行：

第一步：先按照工艺要求进行穿线管及风管、水管、桥架等支吊架的安装，对要求不受污染的支吊架等应做好成品保护，防止喷涂造成的污染。

第二步：进行公共区顶部喷黑装修。

第三步：进行公共区风、水、电、通信等各专业的安装施工、试压、调整。

第四步：风、水、电各专业配合屏蔽门与电梯等系统安装做好灯具、风口、消防栓箱等安装工作。

（3）轨行区

严格执行业主制定的轨行区施工作业运输管理办法，进入轨行区进行隧道区间供电、通信、给水排水及消防、低压配电及照明等专业的施工作业，在施工作业前将提前一周在计划管理协调会上向轨行区计划调度小组（调度组）提出申请，取得批准之后再施工。特殊情况下，临时申请施工必须提前一天向调度组申报。各机电系统单位每日14点前将安排好的次日作业计划提报给轨行区管理单位（铺轨或触网），轨行区管理单位对照调度组下发的周计划确认后，于每日17点前公布次日作业计划并向各机电系统单位下发《轨行区作业票》。在规定的作业时间到达之前，无论作业是否完成，机具、材料、人员等一律撤离作业区，以确保行车安全。

5 设计及BIM深化管理

站后机电工程涉及专业较多,加强对站后机电各标段设计联络、BIM深化设计、设计图管理、设计变更等设计工作的管理,明确不同区域不同专业深化设计责任的划分,规范设计相关工作的流程,促进建设指挥部对机电标段的管理及各标段之间互相配合、协同,确保本工程施工图纸设计满足工程建设多方要求,站后机电工程BIM应用的顺利实施,对于站后工程设计及BIM深化管理的任务尤为重要,本章主要讲述地铁车站及停车场站后机电装修工程中各专业系统的设计联络、设计变更、深化设计、BIM应用等方面的管理工作。

5.1 设计管理

5.1.1 设计管理目标

站后机电工程涉及专业较多,设计图纸数量及设计信息庞大,为了把控设计单位对图纸的设计进度,需规范和统一施工过程中的深化设计、设计图管理、设计变更等设计管理工作,以满足现场施工需求。

5.1.2 设计管理组织架构

地铁工程设计管理单位众多,多专业、多职责单位共同组建设计管理体系,以成都地铁为例,设计管理组织架构如图5-1所示。

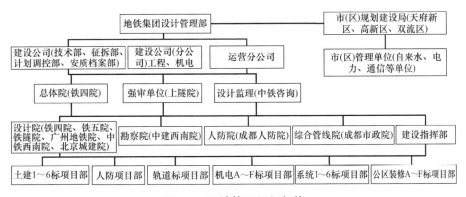

图5-1 设计管理组织架构

5.1.3 设计管理职责

1. 建设指挥部设计管理职责

(1)建设指挥部(即:总承包管理单位)机电管理部、技术部负责组织与业主设计管理部进行对接,配合业主设计管理工作,并参加相关设计管理会议。技术部负责对接设计院，机电部具体负责与设计院机电相关专业设计的对接并督促各标段与机电设计院就图纸情况的跟踪和对接。技术部负责进行图纸台账建立、图纸收发等相关设计文件管理工作。

（2）建设指挥部机电管理部负责主持设计联络，协调机电各标段之间深化设计，督促标段深化设计评审讨论，参加标段的深化设计成果评审、施工图会审、设计技术交底，并在图纸会审记录上签字。设计交底记录图纸会审记录等过程电子档案由技术部统一存档。

（3）建设指挥部机电管理部负责汇总、审查各标段提出的方案调整内容并提出优化建议等，技术部牵头各标段配合协调业主设计管理部进行工程变更办理，商务管理部牵头各标段进行工程变更费用申请等相关工作。

2. 各标段项目部设计管理职责

（1）各标段项目部负责落实与各设计院设计进度联络、深化设计、工程设计变更等具体事宜。

（2）各标段项目部对接各设计院，协调设计院按计划出图，协助各设计院进行综合排布等深化设计需求。按业主管理办法要求组织图纸会审，汇总、整理审图意见，协调设计院进行回复，并向建设指挥部技术部备案。

5.1.4 设计联络管理

设计联络是指由建设指挥部主持，设备供货商与设计单位之间进行澄清、方案优化与深化、文件确认等需要相关各方召开会议完成的接口工作。设计联络的目的是完成设备的生产、试验、安装调试和验收等技术文件。设计联络要求如下：

（1）设计联络的依据包括但不限于：初步设计及审查意见、批准的运营模式和运营需求、供货合同及补充、批准的相关专业的设计和供货商接口文件、批准的设备安装项目实施计划书、批准的设计联络计划及其他履约过程中的有效文件。

（2）设计联络一般分为三个阶段进行，三个阶段的设计联络成果分别需要达到：第一阶段成果应使供货商具有全面进行产品设计的条件，第二阶段成果应使供货商具备开始生产、设计院具备开展安装图纸设计的条件，第三阶段成果应使设备调试、验收、安装具备条件，完成设计联络计划规定的各项工作。定型设备可减少阶段，复杂系统可增加到四个阶段。每个阶段的会议次数不超过两次，复杂系统根据情况确定。

（3）设计联络后应由设备厂商编制设计联络成果文件（纪要），该文件作为各方在工程实施中进行工作的依据，设计联络后，应将本次设计联络大纲、设计联络成果文件归档保存。

5.1.5 设计文件管理

（1）设计文件统一由建设指挥部技术部归档存储，设计文件包括但不限于：地勘报告、设计图纸、设计交底、设计变更、图纸会审记录、深化设计文件、设计洽商记录、技术核定单等文件。

（2）项目实施过程中，项目部应积极配合建设指挥部督促业主、设计单位及时提供有效的设计文件、完成设计交底，并将有关设计问题及时反馈至建设指挥部。如设计单位未组织设计交底，项目部有义务将情况上报建设指挥部技术部，由建设指挥部技术部协调相关单位进行设计交底工作。

（3）设计文件发放流程为：设计单位提交设计文件→建设指挥部→项目部。建设指挥部领取设计文件后，在领取文件后2个工作日内下发至项目部，并做好发文记录。

（4）项目部应做好设计文件移交及内部发放登记工作并形成记录，指定专人建立设计变更管理台账，实时更新。及时将图纸会审和设计变更内容标注到现场所有的图纸上，并注明相应的图纸会审记录编号或变更通知单编号。当图纸整张作废时，应及时回收换发新图纸，并做好收发记录。

5.1.6 图纸会审管理

项目部在收到设计图纸后，由项目总工程师组织项目管理人员、施工队伍技术人员认真学习和审阅图纸，了解设计意图以及提出问题，并自行组织内部评审，根据实际需求邀请指挥部机电管理部技术人员及其他相关人员参加。

项目经理、总工程师等人员应参加监理单位或业主组织的设计交底和图纸会审会议，并应做好正式图纸会审的记录和整理工作，图纸会审记录原件的份数应不小于8份。图纸会审记录经业主、勘察单位、设计单位、施工单位、监理单位、指挥部等相关各方签字盖章后生效。项目部应在全部签字盖章完成后的3天内向指挥部技术部报送图纸会审记录原件1份。

图纸会审记录根据施工需要及项目实际情况发放，并安排专人做好收发登记，同时进行书面交底，留存交底记录。

5.1.7 设计变更管理

根据成都轨道集团设计变更管理要求，参照成都轨道交通6号线三期工程的具体实施，站后机电装修工程设计变更必须按轨道集团规定的程序和分工进行，严格遵守"先批准、后变更，先设计、后施工"的原则，严格执行设计审查程序，未经批准及审查的变更设计不得实施。

1. 设计变更分类

设计变更按照"重要性程度"或"投资金额变化大小"两个指标分为Ⅰ、Ⅱ、Ⅲ、Ⅳ四类，具体划分标准详见《成都轨道交通集团有限公司轨道交通建设工程变更管理制度》（成地铁制〔2017〕1号）文件详表规定。

2. 设计变更职责划分

（1）建设指挥部机电管理部负责受理相关单位提出的设计变更申请并进行初审，组织设计变更方案审查会，参与变更方案审查，组织各标段实施变更，受理相关单位提出的设计变更费用申请，参与变更费用的审核，负责审核设计变更工程量及变更实施情况等。

（2）建设指挥部技术部负责参与变更申请审查，包括对变更原因、变更必要性等内容审查，参与变更方案的审查。负责将分公司初步审定的Ⅲ、Ⅳ类变更的拟变更方案报集团公司设计管理部备案。负责收集汇总设计变更总台账，定期报集团公司设计管理部备案。

（3）建设指挥部商务管理部负责对变更费用进行审核，包括变更费用依据审核、变更金额审核等。负责将完成地铁建设分公司各部门审核的Ⅰ、Ⅱ类变更费用申请移交集团公司计划合约部审核；Ⅲ、Ⅳ类变更呈报地铁建设分公司相应领导批准。负责收集汇总工程变更费用台账，定期报集团公司计划合约部备案。

3. 设计变更具体要求

（1）在项目实施过程中，各标段方均可提出变更申请，提出变更申请应填写《中建成都轨道交通建设指挥部设计变更内审表》，待建设指挥部审批完成后填写《成都地铁建设项目设计变更申请表》，统一报地铁集团办理，相关表格见附件。

（2）设计变更相关资料的输出归口统一为建设指挥部技术部和商务管理部。

（3）变更方案由建设指挥部机电管理部牵头，相关标段项目部具体组织参建各方完成设计变更方案研究，并提出建议及意见报地铁公司；地铁公司对项目承办人申报的设计变更方案申请组织召开专题会进行审核，项目承办人、设计总体、设计单位、设计监理、施工监理等有关单位参加；设计变更方案基本确定，形成会议纪要后，由项目承办人组织设计单位进行变更设计。

（4）Ⅲ、Ⅳ类变更的拟变更方案初步审查通过后由建设指挥部技术部负责向地铁集团设计管理部备案。具体由建设指挥部技术部、商务管理部牵头，相关标段具体实施以建设指挥部名义按照政府、地铁公司等相关要求组织申报设计变更方案申请。

（5）变更审批按照已确定的变更设计方案完成变更设计文件后，由建设指挥部技术部组织提交设计变更审批表。

（6）设计变更涉及的相关费用由地铁公司与相关方按照合同相关规定处理。

4. 设计变更流程

依据《成都轨道交通设计变更管理流程》，设计变更先由施工单位发起建设指挥部审批同意后，由机电施工单位联络设计院及设计监理进行签字审批，再由指挥部向地铁集团发起变更审批流程。设计变更流程如图5-2所示。

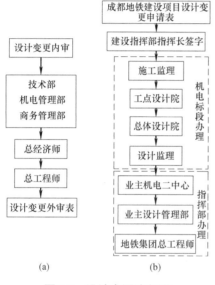

图5-2 设计变更流程图

(a) 设计变更内审流程；(b) 设计变更外审流程

5.2 设计优化管理

5.2.1 设计优化目标

机电工程设计优化是对机电管线图纸的二次设计，是建立在各专业系统设计图纸完善的基础上，将错综复杂的机电管线，根据不同性质、不同使用功能参照建筑区域使用功能整齐美观的排列至顶棚内，以方便机电各系统之间的运营及检修要求。设计优化是指除设计变更外的设计变化、设计调整，是对初步设计和施工图设计的深化和细化，是指在不改变原设计的系统功能、建设标准、工程范围前提下，从初步设计和施工图设计到施工指导图的设计变化。

深化设计目标：设计碰撞检测、能耗分析、成本预测，在施工前期有效地解决各专业之间的碰撞问题,从而合理安排施工顺序,保证施工的安全、质量和进度,防止出现返工现象,尽可能降低工程成本,为顺利施工、顺利履约做到强有力的保障。深化设计100%覆盖全系统全专业,机电综合排布图纸BIM碰撞检查合格率确保达到95%以上。

5.2.2 设计优化组织架构

建设指挥部根据项目实际情况,指定设计管理负责人负责设计及深化设计

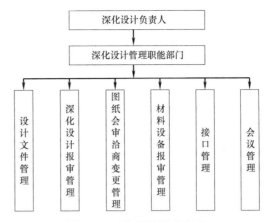

图5-3 深化设计管理架构

管理,设专业深化设计管理工程师负责深化设计管理工作。深化设计管理架构如图5-3所示,深化设计集成如图5-4所示。

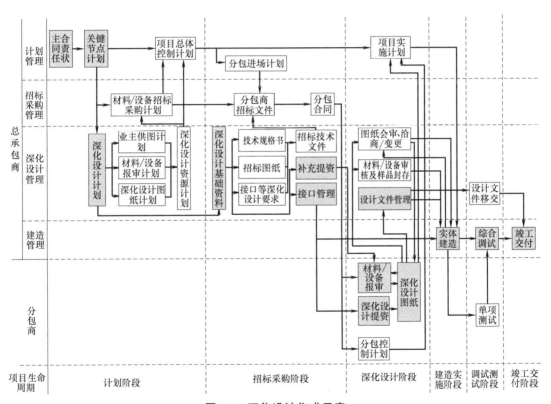

图5-4 深化设计集成示意

5.2.3 设计优化管理职责

深化设计图一般采取"谁施工,谁出深化图"的做法,建设指挥部统一协调管理,各分包商承担各自合约范围内的深化设计工作,部门负责协调、管理各分包商的深化设计工作。

1. 建设指挥部管理职责

（1）负责深化设计进度管理。根据项目总进度计划，编制业主方供图计划；汇总、审核各分包商提交的深化设计报审计划、材料及设备报审计划并监督执行。

（2）负责深化设计文件的管理。组织各相关部门、相关单位审核深化设计实施单位提交的深化设计文件并将审核通过的深化设计文件报送业主方；将业主方批准的深化设计文件发放至建设指挥部各相关部门、相关分包商。

（3）负责各分包商间的接口管理，协调分包商间的矛盾冲突，使深化设计文件满足使用功能、美观、技术规格书要求，实现原设计意图。

（4）对分包商的深化设计进度、质量等进行考核，出具考核报告；对严重偏离计划者，发书面通告或处罚。

2. 各标段项目部管理职责

（1）负责深化设计的具体实施。

（2）负责图纸会审、洽商及变更管理工作。

（3）负责材料及设备的报审管理工作，对材料及设备样品（样板）进行管理。

（4）负责组织召开定期的深化设计例会、不定期的深化设计专题会，做好会议纪要并分发。

5.2.4 设计优化原则

1. 深化设计应根据设计院提供的图纸、国家设计规范标准进行，图纸的内容应保证真实、准确、齐全、完整。

2. 深化设计是在不影响或不修改原设计建筑风格、结构基础及机电系统负荷的基础上进行的。在没有业主或设计院的要求和没有设计错误的情况下，施工单位对原图纸一般不作原则上的改变或调整。

3. 深化设计图主要是确定设备、材料及机电管线具体的位置、尺寸、规格，以及对各系统管线走向、材料排版进行细化和明确。对于因现场实际情况造成图纸较大改动的情况，须获得建设指挥部、设计单位及业主的批准，方可再进行深化设计。

4. 完成的深化设计图纸须提交施工监理、建设指挥部、设计单位及业主方等审核、会签，施工单位须预留足够的审核时间以及审核后意见修改的时间，在最终获得业主的批准后再下发完整的深化设计图纸。

5. 深化设计的图纸内容格式须按照设计院提供的图纸中的格式和国家制图标准规范，包括但不限于图层、线型、字体、标注、比例、图例、颜色、图框等。

6. 深化设计最终打印的图纸应以蓝图形式报审，图纸中的字体、线条应清晰整洁，表达明确。纸张大小和装订应按照设计院提供的纸质版施工图纸尺寸、装订为标准。

5.2.5 设计优化流程

1. 各标段须严格按照深化设计流程进行，提前联络设计院进行设计提资。各标段机电深化设计的同时须实时联络设计院，遵循设计意见与设计施工规范，深化设计完成后须标段内部评审通过后再报指挥部机电管理部评审，通过后方可进行施工图纸校核。深化设计报审流程如图5-5所示。

5 设计及BIM深化管理

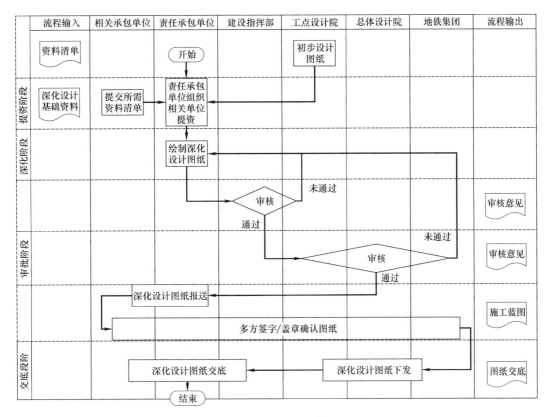

图5-5 深化设计报审管理流程

2.各标段施工前建设指挥部组织业主、设计、监理进行BIM施工模型校审，各标段须提前准备深化设计图纸及BIM校审模型，确保深化设计成果一次性审核通过。

3.深化设计图纸通过各方评审后，各标段相关负责人均需在图纸上会签确认，认可深化设计图纸排布原则，严格按照深化设计图纸内容进行施工，如有标段违反深化设计排布原则，造成的管线拆改，导致费用及工期的增加，一切由违反排布原则方承担。

4.因图纸校审未通过，影响标段施工进度，建设指挥部将依据履约考评办法扣分，严重影响工期进度的，将约谈项目经理及相关分公司领导。

5.各标段总工须根据指挥部下发的站后工程工筹和总进度计划提前编制深化设计出图计划，并报指挥部审核，批准后按计划执行。各标段严格执行出图计划，每半月向建设指挥部递交图纸进度简报，汇报当月完成情况，建设指挥部并在站后工程月度生产会上通报进度的情况。

6.各标段内部要认真校审深化设计图纸质量，建设指挥部在标段深化设计过程中会定期或不定期对图纸质量进行抽查，对于深化设计图纸绘制符合标准与规范的标段的将面向全线推广。

7.对有关深化设计完成后的所有文件，包括但不限于设计变更、深化设计图纸、深化设计审核意见、深化设计终稿会签表等，各标段应分类归档并建立图纸目录文件。建设指挥部将对上述文件进行检查，发现缺少遗漏项，标段应立即补全。

8.各标段应统一执行业主、设计院及建设指挥部对设计文件的内容、格式、技术标准及送审份数等的相关规定要求。

5.2.6 设计优化内容

1. 设计优化策划

建设指挥部除了保证出图进度满足现场施工外，另一个重要任务是进行设计优化策划。根据设计阶段的不同，设计优化的侧重点不同，通过不同的方式实现。

（1）初步设计阶段

初步设计阶段策划的重点在于根据自身资源及优势，提前进行场地资料收集，全面进行施工策划，确定适合现有资源的工法，合理分布的工作面，可进行管线优化、施工方案、工序合理安排以及避免重大制约的外部影响因素，通过精心策划、有效沟通将优化方案体现于设计方案中。

（2）施工图设计阶段

施工图设计阶段与初步设计不一致的地方在变更，变更有严格的变更管理办法。此阶段的设计优化重点应转移至便于现场施工方面，商务策划方面应弱化。技术部需督促标段项目部与设计院密切联系，过程中了解设计方案，并结合现场研究设计方案是否合理，是否便于施工。若遇设计院无法直接在施工图中体现出设计优化，则由建设指挥部牵头，通过变更的方式实现。

2. 设计优化内容

站后工程涉及常规机电、弱电、供电及装修等专业，各专业深化设计的主要内容见表5-1。

各专业深化设计内容表　　　　表5-1

专业	主要内容
常规机电	（1）机电平面图及局部剖面图； （2）综合管线平面图； （3）综合预留孔洞、预埋线管图； （4）管线布置平立剖面图； （5）综合支吊架平面及大样图； （6）系统流程图； （7）机房大样图； （8）设备安装大样图； （9）设备基础平面布置及大样图； （10）系统轴测图； （11）封面、目录、设计说明、材料及做法表
弱电系统	（1）弱电平面图及局部剖面图； （2）管线平面图； （3）综合预留孔洞、预埋线管图； （4）弱电间布置平立剖面图； （5）系统流程图； （6）机房布置图； （7）设备安装大样图； （8）封面、目录、设计说明、材料及做法表

续表

专业	主要内容
供电系统	（1）供电环网电缆联系图； （2）供电环网车站、区间电缆敷设图； （3）电缆桥支架制作安装图； （4）开孔预埋件大样图； （5）变电所接地装置及设备安装图； （6）变电所一、二次图； （7）控制逻辑图； （8）电力监控系统施工图； （9）接触网平面、结构、安装、上网电缆敷设图； （10）杂散电流电气施工图； （11）封面、目录、设计说明、材料及做法表
装饰装修	（1）平面布置、综合排版及大样图； （2）导向布置图及大样图； （3）墙柱综合排版立面图及大样图； （4）栏杆和票亭大样图； （5）钢结构平立剖面图及设计计算书； （6）幕墙平立剖面图及计算书； （7）室外平立剖及大样图； （8）雨篷平立剖面图及大样图； （9）防火封堵大样图； （10）剖面图； （11）封面、目录、设计说明、材料及做法表

5.2.7 设计优化各阶段管理要点

为满足施工全过程中设计优化工作的真实性与实施效果，根据不同阶段制定深化设计管理工作的重点及难点，各阶段管理要点及使用见表5-2。

各阶段深化设计管理要点详表 表5-2

阶段	深化设计管理要点
计划	（1）管理框架搭建、人员就位、合约、图纸与规范收集、岗位制度建设； （2）编制深化设计总计划、业主供图计划、材料及设备报审计划、深化设计图纸计划、深化设计资源计划、接口管理计划
招标采购	（1）整理招标技术文件（包括合约、技术规格书、招标图纸、接口等深化设计需求文件）； （2）梳理合约要求，细化接口管理及要求； （3）准备分包商进场的补充提资等
深化设计	（1）协助业主方组织图纸会审，审核和办理洽商及变更； （2）监控分包商图纸深化设计质量、进度及报审情况； （3）协调、解决图纸深化设计过程中的问题（如接口管理、补充提资、材料及设备报审等）； （4）管理材料及设备样品及样品室； （5）组织（参与）实体样板的验收； （6）管理审核通过的设计文件（包含深化设计图纸、图纸会审、洽商及变更记录、材料及设备报审单、提资资料等）； （7）组织召开定期、不定期深化设计会议； （8）参与材料及设备采购招标

续表

阶段	深化设计管理要点
建造实施	（1）管理建造过程中的图纸会审、洽商及变更； （2）监控深化设计进度计划的执行，必要时组织深化设计交底； （3）建造实施阶段的接口管理与协调； （4）组织召开定期、不定期深化设计会议； （5）设计文件管理
调试测试	（1）接口功能实现； （2）整理设计文件
竣工交付	整理、移交设计文件

5.3 BIM管理

5.3.1 BIM实施目标

1.BIM在本项目的应用将改善和升级轨道交通行业的管理模式，应用BIM技术，大幅度提高轨道交通工程的数据信息的集成化程度，促进行业间经验交流和技术进步，提高工程建造的质量和效率，提升科学决策和管理水平，在本项目的实施有如下重大意义：

（1）使本项目BIM应用引领轨道交通工程BIM应用潮流，成为轨道交通工程BIM应用的典型案例。

轨道交通工程BIM应用在国内已广泛得到重视，但仍停留在局部区域或阶段的应用点的探索，未形成整体线路和建造全过程的深入应用，BIM技术为建设工程增值的作用并未充分发挥。通过实施本方案，将形成轨道交通工程全过程BIM应用指南，引领国内轨道交通工程建设BIM应用潮流。

（2）力争使本项目BIM应用成果成为中建总公司轨道交通行业的标杆。

1）本工程BIM技术应用将包括建立精准的全专业BIM模型；

2）编制成都地铁BIM模型标准，力争推广；

3）建立高效的施工协调信息交换管理模式。

2.本项目将实现BIM技术在项目全生命周期的应用，使BIM技术在地铁轨道交通工程的应用达到智能化状态，即在设计、施工过程中更加及时、灵活、准确地获得工程信息，达到高效的项目信息化管理、数据共享的目的，以提高工程技术、安全、质量、生产进度、商务经济和运营管理等方面的管理效率和精度，最大限度地为项目增值服务。

主要将实现以下目标：

（1）通过三维建模实现机电各专业工程的可视化深化设计；

（2）应用BIM模型进行各专业自动的碰撞检查，实现可视化管线综合排布；

（3）应用BIM模型实现工程材料用量的自动化统计；

（4）应用BIM模型对各施工工序过程进行模拟，实现可视化施工交底；

（5）应用BIM虚拟化建造技术，实现工程三维可视化漫游，深入体验；

（6）应用BIM技术4D进度模拟，实现阶段化工作进度的可视化总结汇报；

（7）应用BIM技术指导工厂化预制加工生产；

(8) 拓展性BIM技术应用点的试点实施等。

3.目标实施规划见表5-3。

目标实施规划表　　　　　　　　　　　　　　　　　　　　　　表5-3

实施内容	实施过程	实现目标
三维可视化深化设计	应用各专业三维模型,实现可视化的机电系统路由检查和设计交底等工作	建立包括各站点和区间的全线各专业三维模型
碰撞检查及管线综合排布	通过综合集成各专业三维模型,应用BIM软件自动完成各专业间的碰撞检查,实现进行可视化的管线综合调整工作	生成专业间碰撞检查报告,完成各站点机电管线综合排布优化工作
工程量统计	应用BIM模型对各专业构件进行分类统计,获得准确的材料统计清单	生成工程量统计清单,辅助工程的材料管理工作
施工工序模拟	应用BIM模型对各专业施工顺序进行动态模拟,并对关键安装工艺进行可视化动态模拟	关键施工安装工艺模拟动画库,可视化交底
三维可视化漫游	将BIM模型导入动态漫游软件,实现三维可视化漫游,动态查看和检测构件位置信息、参数信息	应用可视化漫游检查BIM模型并生成漫游动画
施工进度4D模拟	将BIM模型导入模拟软件,并与Project进度计划任务进行关联,完成对施工进度计划的可视化动态模拟	生成施工进度计划的4D模拟动画,实现阶段性进度可视化汇报工作
工厂化预制加工	应用BIM模型生成准确的风管、综合支吊架的构件数量和类型,并指导构件高效准确的安装到位	指导风管、综合支架等构件的工厂化预制加工生产和现场安装
装配式建筑技术	站房采用装配式设备机房施工,应用BIM模型,提前在地面预制加工制冷机房内管道及阀门构件连接,吊装至地下拼装即可	机房施工提前介入缩短工期,场外加工,确保地下空间环境,绿色化施工

5.3.2 BIM团队组织架构

本项目BIM团队包括指挥部层面的BIM与深化设计部和各标段项目层面的项目BIM与深化设计部,并配置各专业的BIM与深化设计工作组,BIM深化设计组织架构如图5-6所示。

在机电深化设计阶段,指挥部BIM团队负责对接指挥部机电各专业深化设计工作以及项目各BIM负责人的BIM建模工作,并参与机电图纸会审,对接设计院的综合管线出图工作。

在机电施工阶段,指挥部BIM团队负责管理各标段的BIM工作进度和应用实施情况,收集BIM模型及相关资料成果,并配合指挥部机电各专业为各标段项目的BIM与深化设计工作提供技术支持。

项目层面的BIM负责人负责管理各项目的深化设计和BIM建模及应用实施等工作,并配合指挥部BIM与深化设计部完成各项BIM科研成果。

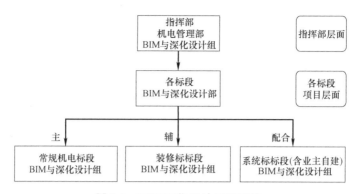

图5-6 BIM深化设计组织架构

5.3.3 团队职责划分

指挥部：制定BIM建模标准，统筹各标段BIM与深化设计工作节点计划，收集整合管理项目部各阶段BIM模型、深化设计工作成果；实施过程检查项目部BIM应用开展与完成情况，组织项目部BIM成果收集等管理工作。

项目部：各标段项目部职责见表5-4。

标段职责划分表 表5-4

单位	部门	职责划分
各标段	常规机电BIM深化部	主导深化设计工作，完成机电管线建模、排布、指导施工等工作；主导完成与装饰接口工作；主导BIM应用开展工作
	装饰装修BIM深化部	主导装修工程设计联络并完成深化设计，完成设备区及公共区装饰装修BIM模型；配合BIM应用开展工作
	系统标BIM深化部	主导完成各系统标设备房内专业系统构建BIM搭建、排布等工作；配合常规机电施工单位完成公共区域管线排布工作；配合BIM应用开展工作

5.3.4 人员配置要求

根据整体工筹与深化设计节点计划安排，各标段项目部层面BIM工作人员配置需要满足项目BIM与深化设计工作的需求，合理安排工作任务，确保深化设计工作的开展与BIM应用的实施，并保证全过程中BIM工程师驻地办公，指导深化设计成果的现场实施，各标段确保至少有一名BIM专职工程师人员，完成过程中BIM应用成果收集与成果展示等工作。

机电标段具体人员要求见表5-5。

机电标人员表 表5-5

标段	人员	职责	人数
各机电标	项目班子	统筹标段BIM工程开展	1
	BIM负责人	负责项目部BIM开展情况	1
	BIM工程师	各专业BIM深化设计工程师	3

装饰装修标段，各标段人员安排由标段工程任务合理安排，确保各标段深化设计工作

的开展,各标段至少一名专职BIM负责人,并确保驻地办公。

系统标各标段确保各标段至少一名BIM兼职/专职工程师人员。

5.3.5 BIM工作流程

本工程BIM工作从设计图纸开始,通过建立全专业的BIM设计模型,实现三维可视化的设计审核和各专业的深化设计工作,并应用深化设计模型有效地指导现场施工管理工作,BIM工作流程如图5-7所示。

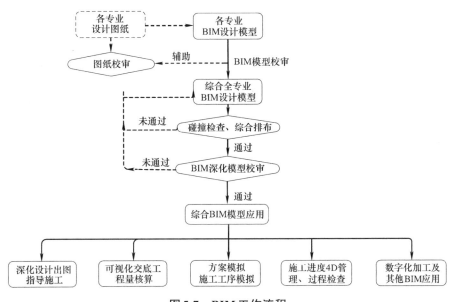

图5-7 BIM工作流程

5.3.6 软件配置要求

根据本工程BIM应用目标和工程进度情况,软件的采购可逐步完善,共需购置BIM核心建模软件、BIM分析软件、施工管理软件和动画模拟软件四大类,且各软件之间可以进行集成和统一管理。

配置要求见表5-6。

BIM软件配置要求表　　　　　　　　　　　表5-6

软件名称	属性	用途	数量
Autodesk Infraworks	建模	地理地形、道路、场地、管网等基础设施三维设计软件	1套
Autodesk Revit 2016	建模	建筑结构及机电装修三维建模软件	1套
Navisworks Manage 2016	管理	三维设计数据集成,软硬空间碰撞检测,施工进度模拟展示等专业设计应用软件	1套
Autodesk Fuzor 2016	管理	模型轻量化,三维展示,提高渲染效果	1套
Magicad for Revit	计算	专业的机电设计、校核计算、制图及设备管理软件,应用于深化设计及设备调试工作	1套

续表

软件名称	属性	用途	数量
Autodesk CFD 2016	计算	流体动力学计算模拟软件，应用于管道流体及建筑空间环境效果模拟分析	1套
Autodesk Inventor	计算	机械三维建模、运动模拟及力学分析软件，应用于预制加工和应力复核等工作	1套
Autodesk 3DMax 2016	渲染	场景模拟和效果图渲染等工作	1套
Lumin3D 5.0	渲染	施工动画制作、效果图渲染	1套

5.3.7 BIM标准的制定

依据了现行国家和行业标准《建筑信息模型应用统一标准》GB/T 51212—2016《建筑信息模型施工应用标准》GB/T 51235—2017和《机电工程常用设备、材料BIM构件库技术标准》CIAS 11001:2015，并参考了国外现行的BIM标准，同时根据本工程的BIM工作开展的特点制定本工程BIM模型标准，内容包括对BIM模型的文件、元素和建模方式的标准化规定，使各标段项目的BIM建模和深化设计原则保持统一，便于对BIM模型的综合管理并提高BIM模型在施工中的应用效率，为本工程BIM建模和深化设计工作提供了可靠的指导依据和执行方法。

工程站点和区间众多，BIM模型及相关文件的种类和数量繁多，为便于对不同标段的各类文件进行标准化管理并提高专业间的信息交换效率，制定了BIM模型的文件标准，对BIM模型和相关文件做出规定。

5.3.8 BIM实施内容

本工程BIM技术主要应用在深化设计阶段和机电施工管理阶段，在深化设计阶段，通过建立三维模型，实现可视化深化设计，为工程施工准备可靠的BIM深化设计模型；在工程施工阶段，应用BIM深化设计模型对现场施工进行可视化指导，提高施工效率和质量，减少返工，节约成本。

1. BIM在深化设计阶段的实施

施工准备阶段，用已建立符合工程特点的BIM模型与深化设计标准，各标段各站房建立全线全专业的三维模型，通过对各专业综合模型进行碰撞检查和管线综合排布，最终达到零碰撞、符合深化设计标准的BIM深化设计模型，应用BIM深化设计模型开展施工顺序和工艺的动态模拟、施工指导图纸和工程量材料清单的生成等施工准备工作。

（1）建立全专业的BIM模型

统一建模软件及版本：各标段及各专业统一采用Autodesk Revit 2016建立BIM模型。

建立线路BIM模型定位规则：依据各站点总平面图中的坐标、方向和高程确定在线路范围内的位置，线路原点坐标选定为新通大道（原会龙大道）站的X=3742.8082，Y=22375.5337为相对（0，0）坐标，其他站点坐标作相对坐标的换算，设置以各站点轨顶顶面高程为共享场地高程点，方向以新通大道（原会龙大道）站正北方向为基准，各站点和轨行区模型参照该坐标、标高和方向为其模型准确定位，便于在GIS地理地形中准确定位和各标段BIM模型拼接。

统一各机电系统设置：为机电各专业模型设置统一的颜色、图层、系统类型和材质等标准。

(2) 碰撞检查

将BIM模型导入Navisworks软件，机电各专业的模型应先与深化后的土建、钢结构等专业的模型进行碰撞检查，确保机电专业模型与其他专业模型无碰撞（需开洞的碰撞除外）；再进行机电各专业间的碰撞检查，并生成碰撞检查报告并对碰撞点进行可视化检查和分析解决方案。

在Revit软件中对各碰撞点进行准确定位，并按分析的解决方案对各专业BIM模型进行修改调整，最终达到各专业零碰撞的要求。

(3) 管线综合排布

机电各专业管线综合排布应按照相关规范标准要求，使管线平面布置间距、标高间距满足要求并考虑排布美观及合理的安装维修空间，综合管线排布调整完成后，再次应用碰撞检查实现零碰撞后，应用BIM整体模型检查各建筑空间的净空标高，各区域净空满足要求后，机电各专业管线综合排布工作完成。

(4) 制作施工工序模拟动画

应用BIM深化设计模型对各专业施工顺序和关键施工工艺进行可视化动态模拟，生成施工工序和工艺的模拟动画，用于指导施工。

(5) 生成现场施工指导图纸

应用BIM深化设计模型生成指导施工所需的综合管线和各专业的平、立、剖及大样图等指导图纸，提前与设计院对接，并在图纸会审中确定综合排布的合理性，应用于指导各专业现场施工。

(6) 生成工程量统计清单

应用BIM深化设计模型自动生成所需专业或区域的工程量清单，用于辅助管理商务预算和施工材料计划等工作。

2. BIM在施工管理阶段的实施

各标段后台公司选定不少于一个站作为站后工程施工样板站房，实现BIM在施工管理阶段的各项应用在样板站房施工阶段的开展；将BIM模型与Navisworks等施工管理软件结合，实现施工工序、施工进度、施工质量安全的管理。对现场施工进行可视化交底指导现场施工管理。

(1) 三维可视化漫游展示

BIM模型导入施工管理软件Navisworks，模拟人物行走于建筑物的各个空间，实现对建筑空间的可视化漫游，通过漫游查询BIM构件参数信息、查看构件间距，并使各参与方在统一的虚拟空间内完成高效率的施工交底工作。

(2) 二维码与BIM模型的结合的施工交底

将施工难点、重点、复杂区域的管线BIM模型制作成图片或视频，通过二维码的形式表现在施工部位，以方便施工中各专业核对管线施工的误差是否影响其他专业，避免二次拆改。

(3) 手持终端设备质量与进度管理

将含有各种设备、管线信息的BIM模型导入手持终端设备中，现场可视化交流，项目管理人员可以对施工现场的管线信息随时随地进行核对。

通过施工情况与模型的对比，提高质量检查的效率和准确性，并有效控制进度，进而实现质量、进度可控的目标；对于出现的质量问题，在模型中通过现场相关图像、视频、音频等方式关联到相关构件与设备上，记录问题出现的部位或工序，分析原因，进而制定并采取解决措施。

（4）VR+BIM交互体验

采用VR+BIM的形式将模型与现场结合，沉浸式感受施工。VR能将BIM的表皮渲染得非常逼真，交互体验上更接近生活实际。

基于项目的Revit模型，导入VR设备中，通过加工和装换，将更真实的场景展现出来，在三维场景中任意漫游，人机交互，能够轻易地发现很多不易察觉的排布缺陷，减少由于事先规划不周全而造成的深化缺陷，可以大大提高了项目的质量。

（5）大型设备运输吊装方案模拟

将BIM模型导入动画模拟软件，针对站房内变压器、冷水机组等大型设备的运输和吊装进行可视化动态模拟，依照现场施工环境，对运输路径上土建结构的尺寸和净高进行校核，并对设备运输路线及吊装方法进行模拟演练，可以优化运输、吊装方案中不合理、不经济、不安全的工序和操作，确保大型设备安装的顺利完成。

（6）施工进度管理

将项目进度计划及工作任务分解和BIM模型导入Navisworks进行模型构件与Project工作任务计划的关联，实现项目计划进度的可视化4D动态模拟，指导各专业管理人员根据进度模拟合理安排或调整施工作业内容；通过虚拟进度与实际进度的对比，找出差异、分析原因，实现项目进度的合理控制与优化，同时可以作为进度的模拟汇报工作。

（7）预制化工厂加工

预制化工厂根据BIM模型管线制定详细的预制加工设计图纸，主要应用于站房内风管预制加工，分段处理并制定详细的排产计划，并对加工的各部件进行编号，部件到场后，再次复核施工现场情况，指导预制加工构件高效准确的安装到位。同时BIM模型可以准确地提供的工程量清单，可以与预制加工构件清单进行核对，保证准确性。

（8）综合支吊架技术

通过BIM模型将各专业机电管线的支吊架合并设置，然后通过受力分析及载荷计算合格的支架数据，优化支架的形式，不仅节省支架材料，同时可以将普通支架与抗震支架结合，布局更加合理美观。公共区域采用装配式支吊架，支架所有连接采用栓接，现场切割，安装简易、无焊接工序，减少污染，效果美观，还可以应对管线局部微调的需要。

（9）设备信息化

在设备BIM模型中添加详细信息，如设备名称、设备编号、生产厂商、联系电话、安装时间、常用参数、保养周期、设备使用年限等，可以与现场实际安装设备铭牌的信息对比校核。设置设备信息有利于后期运营维护人员通过BIM模型就可以方便、快捷地找到需要的设备信息。

（10）BIM观摩会

在站后工程施工阶段，确定观摩站点，完成以上BIM应用指导现场施工，举办地铁集团层面的BIM观摩会，发挥工程BIM优势，扩大影响力度。

6 物资采购及设备管理

在城市轨道交通工程站后机电工程中，材料设备的造价约占工程造价的60%~70%。不仅如此，材料设备还对工程进度、工程建设质量、工程建设成本等方面有着直接巨大的影响。因此，材料设备管理是总承包管理的重要环节，做好材料设备管理对整个项目管理有着重要意义。

6.1 物资招标及分包商管理

6.1.1 招采计划制定

在设备材料采购实施前3个月，由建设指挥部商务管理部牵头、机电管理部配合，依据工程合同、相关法律法规及业主管理制度，编制设备材料招采计划；招采计划包括但不限于标段划分方案、采购范围、采购人、采购方式和采购时间等。招采计划须经建设指挥部管理部评审后，报送业主审核。建设指挥部应根据业主审核意见及时修改采购计划，并遵照实施。

6.1.2 招采实施

根据不同的招采主体，设备材料一般可分为甲控设备材料、自主招采的设备材料、施工单位招采的设备材料三类。

1. 甲控设备材料

（1）由业主确定招标计划并编制招标文件，建设指挥部机电管理部、商务管理部参加招标文件（含用户需求书）的会审。

（2）由业主实施招标采购流程，确定中标单位，发中标通知书。

（3）业主组织建设指挥部、中标单位进行三方合同的谈判与签订。

（4）若项目涉及甲供设备，则按照总承包合同的条款执行。

2. 自主招采的设备材料

（1）建设指挥部机电管理部参加业主组织的用户需求书的会审。

（2）由建设指挥部商务管理部牵头、机电管理部配合，根据工程合同、相关法律法规、招采计划、用户需求书等相关文件要求编制招标文件。招标文件须经建设指挥部评审后，报送业主审核，并根据业主审核意见进行修改与完善，将最终发售版的招标文件报送业主备案。

（3）由建设指挥部商务管理部组织招标公告发布及招标文件的发售。

（4）由商务管理部牵头、机电管理部配合，收集和整理各潜在投标人的提问，并编制补遗及澄清文件。补遗及澄清文件须经建设指挥部评审后，报送业主审核。在根据业主审核意见进行修改与完善之后，发送各投标人。

（5）建设指挥部商务管理部牵头组织开标、评标工作，机电管理部配合实施。评标结束后3工作日内，建设指挥部将招标结果和拟中标人资料（投标文件纸质版、电子版、差异对比表各1份）报送业主审核，通过核查后进行公示；公示结束无投诉和异议，向拟中标人发中标通知书。

（6）建设指挥部商务管理部牵头组织合同谈判与签订，合同签订后5个工作日内将合同复印件其电子版报送业主备案。

3. 施工单位招采的设备材料

（1）各施工单位根据建设指挥部总体招采计划、建设工程合同、相关法律法规，在设备材料招采前1个月，报送由施工单位招采的设备材料的招采计划及方案至建设指挥部审核。

（2）建设指挥部机电管理部组织施工单位项目部参加用户需求书（技术规格书）讨论、会审。

（3）施工单位招采完成并确定拟中标人后3日内，须将采购文件、补遗及澄清文件、拟中标人投标文件（纸质版副本2份，电子版1份）报送建设指挥部核查，核查无误后由建设指挥部报送业主备案。

（4）完成招采资料的报审及备案后，施工单位应按照法定程序及时公示、发出中标通知书、签订合同。

6.1.3 供应商管理

总承包管理单位、施工单位均应建立供应商信息台账，完善供应商考核办法，跟踪供应商履约行为，开展供应商的履约考核，协调解决材料设备采购供应中的各项事宜。对于违背合同条款、影响工程项目进展的供应商单位，由招采主体单位采取发函告知、约谈单位主要负责人、驻厂监造、按照合同条款进行处罚等方式干预，确保项目顺利履约。

供应商/卖方需为项目配备专门的项目管理机构和人员负责与招采单位/买方联络，以便于进行相应的项目管理。供应商/卖方的项目管理机构应配备项目负责人和相应的专业技术人员，负责本合同设备的设计联络、质量保证、设备生产、试验、检验、验收、现场服务、用户培训、技术文件等方面的工作，并对招采单位/买方负责。卖方所配备的项目人员必须对合同设备有相当的经验。卖方必须在合同签订后根据买方要求将投标文件中所承诺的管理机构的构架和人员配备、资历，交买方审查确认，当买方认为卖方所配人员不合格时，有权提出更换。卖方如欲更换任何人员，应事先征得买方的同意。

为了更好地保证材料设备的质量及系统的整体质量，供应商(卖方)应采用项目管理方式，并按照表6-1要求向招采单位/买方提交项目管理文件。

招采单位应提供的项目管理文件 表6-1

项目	项目管理的内容	卖方	
		事前应提交的材料	完成期限
质量控制	项目质量计划	—	合同签订1个月内
	卖方质量体系审核计划	卖方年度内审计划、管理评审计划、第三方审核计划	合同签订1个月内

续表

项目	项目管理的内容	卖方	
		事前应提交的材料	完成期限
进度计划、进度控制	项目总体执行计划	卖方总体控制进度表	合同签订1个月内
	项目月进度计划	卖方月进度计划	比计划月提前5天
	项目年进度计划	卖方年进度计划	比计划年度提前15天
文件控制	文件图纸管理程序	—	合同签订1个月内
	文件编制统一规定	卖方文件格式建议	合同签订2个月内
接口控制	接口协调管理	卖方月度接口进度报告	每月第一个星期
	接口解决方案	卖方接口总结报告接口方案报告、接口要求及接口记录表	在产品设计前
设计控制	设计联络进度计划	设计联络送审文件提前提交	提前10天
	设计验证和确认程序	卖方设计控制规定	合同签订1个月内
	图纸、文件提交进度计划	卖方图纸文件提交进度建议	合同签订2个月内
生产过程控制	设备生产进度计划	卖方合同设备生产计划	第一次设计联络后3周内
	生产过程管理办法	卖方合同设备的主要合格分供商的资格审查报告；卖方的生产控制相关规定（生产设备、环境、工序和装配方法）；卖方设备制造的关键工序控制方法；卖方不合格产品的管理规定	第二次设计联络前10天
	设备监造计划	卖方合同设备监造计划建议、监造大纲建议；卖方主要工序检验规程、检验和试验计划	设备监造前2周内
检验和试验	检验和试验进度计划	卖方出厂检验和试验计划方案	设备监造前30天
		特殊试验大纲	试验前1个月
	检验和试验管理办法	卖方进货检验和试验、过程检验和试验、出厂检验和试验规程；主要检验和试验设备清单；主要检验和试验设备的管理规程	设备监造前30天
供货运输仓储	设备材料包装、发运、装卸和仓储规定	卖方设备包装和运输标准；运输方案；卖方设备运输计划建议；卖方设备仓储条件	设备监造前10天
安装调试验收	调试、试验进度计划	调试、试验方案建议	设备监造前10天
	安装质量控制程序	设备安装使用说明书	设备监造前10天
	系统调试和验收控制	系统调试和验收方案建议	设备监造前10天
培训	培训计划	培训建议书；培训手册、安装手册、操作手册、维护手册	培训实施30天前

6.2 设计联络管理

设计联络是各系统建设中从设计方案向产品或者实施方案转化过程中的关键环节，设计联络会议主要内容包括各方互提技术资料并讨论确认，审查产品设计图纸资料，确认本产品与相关的其他设备产品接口技术文件，检查产品生产过程中的质量检验和试验标准及程序，讨论确定合同执行过程中的技术问题等，设计联络过程中要注意以下几个方面的问题：

（1）物资设备的设计联络会应在设备材料生产前，由招采单位组织开展。

（2）设计联络会议参会方应包含建设单位、运营单位、建设指挥部、设计单位、监理单位、施工单位、供货商、集成商等项目相关方。

（3）设计联络会一般分三次进行，第一次设计联络在工程所在地召开，第二次设计联络在工程所在地或设备供应商所在地召开，第三次设计联络在工程所在地召开。对于部分简单的设备材料也可根据情况适当减少设计联络次数。设计联络会的次数、内容、地点等详细事宜，由组织方与参会各方沟通后具体确定。

（4）设计联络完成后，应形成参与各方签字的纪要，指导后续包括样机生产、检验验收、监造、移交等工作。建设指挥部应收集一套完整的会议资料归档留存，以备后续使用。

（5）合同技术谈判，可根据情况与设计联络一并进行。

6.3 设备材料监造

（1）设备材料监造工作应在设计联络完成后由招采单位组织开展，并根据招标文件、采购合同、设计文件、国家和行业规范等编制监造大纲和实施方案。

（2）材料设备的监造一般按2次、每次5天考虑，地点为货物生产制造厂。

（3）监造的参加人员包括建设单位、总承包管理单位、设计单位、监理单位、施工单位、供货商、集成商等项目相关方，一般按10人考虑。参加监造的人员应具备丰富的专业技术经验和能力，熟练掌握监造设备合同技术规范、生产技术标准、工艺流程以及补充技术条件的内容，掌握所监造设备的生产工艺及影响其质量的因素，熟悉关键工序和质量控制点的要求和必要条件。

（4）第一次监造的主要内容为检查各种元（部）件、原材料的采购生产加工情况，并核实部分试验检验报告和元（部）件、原材料资料等；第二次监造的主要内容为成品检查、出厂检验试验等。

（5）监造组织单位须编写监造日记、监造记录、监造结论和总结，及时反馈监造材料设备的质量状况、制造进度等情况，并协调解决监造过程中的问题。

6.4 验收及检测管理

6.4.1 工厂检验

（1）设备样机验收由建设指挥部组织，业主、监理单位、设计单位、建设指挥部等单位共同参加。依据合同文件和设计联络纪要对供货商的设备样机/样品进行全面检验。参加验收的单位如发现设备质量问题，要求供货商无条件整改，在没有可靠的整改方案前，供货商不能批量生产供货。

（2）设备出厂验收由采购单位组织，业主单位、监理单位、设计单位、建设指挥部等单位共同参与。出厂验收即检验批量生产的产品是否符合要求，批量生产的产品如果与合同技术要求（设计联络纪要）或样机样品不符，由监理单位提出整改意见，直至整改合格后才能出厂。

6.4.2 到货检验及开箱验收

（1）到货检验：材料设备进场入库前，由施工单位申请到货验收，并填写材料进场验收报审表，附合格证、材料检验报告（或第三方强制检验报告）、材料原厂出产证明等报监理审核。验收合格的材料设备方可办理入库。

（2）开箱验收：从设备批量生产到施工现场后需开箱验收。验收的参与方包括建设指挥部、监理单位、业主单位、施工单位、供货商单位等；由监理单位在现场组织开箱验收并按相关要求形成开箱验收记录，开箱验收的主要内容包含设备的外观、规格、型号、尺寸、数量等。

6.4.3 材料定样及第三方检测

（1）材料定样：根据业主的管理办法，用于实体工程的一部分材料须在批量生产前进行样品确定（即材料定样）。材料定样由采购方发起，建设单位、监理单位、建设指挥部、设计单位、施工单位、材料供应商等单位参加。各方依据设计图纸及材料用户需求书（技术规格书）对材料样品进行检查、核验、确认，将符合要求的材料样品进行封存并由各方签字确认。

（2）第三方检测：根据工程建设规范及业主相关管理要求，部分进场材料在安装使用前，须按规定抽取样品并送至有资质的第三方检测单位进行检验，送检材料包含建筑材料（如混凝土、砖、钢筋等）及机电装修材料（如电缆、锚栓、防水卷材等）。施工单位须在监理单位的见证下，完成取样送检，并在取得检测合格报告后，方可将材料用于工程施工。建设指挥部将不定期对施工单位的材料送检情况进行检查，对不符合规定的单位进行处罚。

7 施工接口管理

地铁工程是一项涉及专业多、关系复杂、技术难度大的系统工程。地铁机电工程的施工需要各专业、各系统的相互配合，为了在地铁工程施工过程中各子系统能相互配合、有效联系，使整个地铁施工过程中各单位安全、可靠、经济、合理、有效地完成工作，在施工过程中编制完整的接口管理办法，注意并处理好各子系统的接口关系十分重要。地铁工程施工涉及专业多、关系复杂又情况多变，接口的编制只能由浅入深、由粗到细，并在各个施工阶段逐步完善，必要时做适当的调整优化。

7.1 接口管理依据

接口管理依据包括既有的工程设计文件和合同文件，以及在工程实施和处理过程中形成的相关文件：
（1）设计文件。
（2）合同文件。
（3）总体工程筹划。
（4）设计联络会、审查会、设计交底会上各施工单位、供货商和集成商之间相互确认的技术标准和协议。
（5）业主/建设指挥部主持的接口会议及据此形成的文件。
（6）业主/建设指挥部认为接口管理工作中必须遵循的资料和文件。
（7）接口管理过程中业主/建设指挥部的书面指令。

7.2 接口管理原则

为便于协调，在接口管理和处理接口问题时，工程接口相关各方应遵循下列原则：

1. 按规定的程序管理的原则

接口管理工作必须按规定的程序办理，凡涉及接口事项，相关接口单位不得单方面进行决策或决定。

2. 按局部服从整体的原则

在接口管理和处理接口问题过程中，遇有影响到工程总体目标时，应遵循局部服从整体的原则。

3. 按接口协调落实的原则

接口管理和处理接口问题涉及不同单位和部门时，各单位不得以惯例、内部特殊性或其他理由拒绝接口事项，相关接口单位应协调落实。

4. 按接口管理信息闭环的原则

接口管理工作从接口的提出讨论、处理实施，到信息反馈等过程必须形成一个信息闭环，避免造成信息的遗漏，确保接口管理的完整性。

5. 按接口管理书面记录的原则

接口管理的过程和结果必须以正式的书面形式进行记录和签认，并据以落实。不得以口头形式或非正式方式指导接口实施。

6. 按规范落实的原则

接口管理和处理接口问题时，接口各方应本着按相关施工规范落实接口的原则，接受业主、建设指挥部或其他第三方协调，确保接口问题落实和解决。

7.3 接口管理组织机构

根据地铁工程接口管理特点，建设指挥部及各标段施工单位，必须配备熟悉地铁工程专业知识的专业工程师，负责土建、轨道、供电、通风空调、给水排水、动力照明、消防、装饰装修、人防工程及车站辅助设备、通信、信号、综合监控、AFC、车辆、安防等专业接口的现场管理、并负责检查、督导和技术指导。

（1）建设指挥部成立接口管理领导小组，组长由主管站后的副指挥长担任，副组长由工程管理部、机电管理部负责人担任，组员由建设指挥部各职能部门相关人员及各标段项目经理或总工程师担任，负责组织编制接口管理办法以及接口管理实施和协调工作。

组长职责：负责设备安装、装修阶段的总协调，负责现场重要问题协调工作，负责其他外部协调工作。

副组长职责：协助组长总协调、总调度，负责各部门之间组织、协调工作。

组员职责：负责现场问题协调工作，及时向接口管理领导小组汇报现场情况。

（2）建设指挥部编写接口管理计划书，说明接口管理流程，制定接口清单及接口管理表单。指挥部须依照业主提供的接口管理文件统一格式进行细化，编制工程内部接口的接口规范文件。接口规范文件的内容须依据接口会议协调的结果定期补充修订。

7.4 接口管理责任划分

根据地铁建设项目特点和建设阶段，工程接口分为勘察设计接口、施工接口、验收接口等。

7.4.1 勘察设计接口

技术部负责项目勘察设计接口，应做到统筹规划、系统设计，从源头上减少工程接口。

（1）对涉及站场改造、既有线改扩建工程，应与运营单位进行方案对接，充分研究既有线施工过渡、引入方案及建设时序等问题，形成可行的设计方案，尽量减少对运输的影响。

（2）督促设计单位在设计过程中确定设计接口划分与工程实施阶段各专业、各标段间的施工接口划分，两者虽有交叉，但性质不同，分别指导着设计和施工。尤其是土建结构预留管洞的设计提资和图纸是否落实到位的跟踪管理。

7.4.2 施工接口

工程管理部和机电管理部按照设计接口和合同接口的划分,在施工过程中,机电管理部负责召集安全生产监督管理部、质量管理部、施工单位等相关单位,站前工程与站后工程接口相关的施工图核对,协调设计单位、施工单位完善站前工程与站后接口工艺标准;组织设计、施工单位检查、指导和督导站前工程测量基桩、预埋过轨管线、预埋件、综合接地、电缆槽井、设备基础、人孔、手孔等站后接口施工。

(1)轨道专业工程师:负责隧道、车站、人防门、站台门等轨道相关的接口。

(2)供电专业工程师:负责隧道、车站与供电相关的接口,如电缆夹层、综合接地端子、防迷流端子、环网电缆支架、电缆过轨管线、设备基础等与供电相关的接口。

(3)常规机电专业工程师:负责隧道、车站等与常规机电设备相关的接口,如设备孔洞预留、电缆槽、设备基础预留等与常规设备相关的接口。

(4)装饰装修专业工程师:负责车站与装饰装修相关的接口,如土建基桩、结构高度、设备孔洞预留、电缆槽等与其他站后相关专业的接口。

(5)弱电系统专业工程师:负责弱电系统与通风空调、低压动照、给水排水及消防、装饰装修、土建等专业的相关接口,如孔洞预留、综合支吊架安装排布、末端设备安装位置、隧道内设备安装位置等。

(6)车辆段工艺设备专业工程师:负责工艺设备与装饰装修、低压动照、土建、轨道等专业的相关接口,如孔洞预留、设备安装位置、设备线缆参数等。

(7)土建专业工程师:负责土建专业按设计要求施工,土建与轨道、人防、供电、站台门、通信信号等专业土建预留孔洞、管线的数量和质量管理接口。

(8)车辆专业工程师:按照运营公司的相关要求,负责车辆与站台门、土建、通信、信号等专业的接口管理和协调。

7.4.3 验收接口

安全生产监督管理部、质量管理部负责工程验收移交接口的管理。工程接口界面按程序验收移交后,接管单位应做好成品保护工作。验收接口包括但不限于施工现场"三临"验收、开工条件验收、中间验收、车站三权移交验收、轨行区移交验收、政府专项验收、消防验收等验收工作的组织和协调,并制定验收移交相关管理细则。其中土建标段向站后标段移交界面的接口,由工程管理部牵头组织,机电管理部参与。

站后工程是以"接口明确、专业衔接、进度协调、功能满足、投资可控"为总则,围绕项目站后工程实施开展相关接口管理工作。工程接口的分类又具体分为"工程外部接口明细划分"(表7-1)和"各专业接口内容明细划分"(表7-2)两大类。

工程外部接口明细划分 表7-1

接口对象	接口内容
政府职能部门	主要是指与住建局、安监站、质监站、消防局、环保局、交通委、公安等政府职能管理部门的接口。需要向有关政府职能管理部门申报各站施工手续和资料,按照相关法律、法规接受管理和监督

续表

接口对象	接口内容
地方行业管理部门	主要包括与市供电局、城建局、自来水公司等部门的接口。在接驳正式水电施工时，需要按照相关部门的行业规定和规范，接受监督和指导，保证正式水电的接驳
业主	主要包括在业主的指导下，按照总承包合同全面开展站后工程的施工管理
设计院	主要内容是对设计院进行设计管理，包括设计方案、施工图出图计划制定，按照规范要求进行设计审核，保证施工需要
各专业分包商及设备供货商	各专业与既有线换乘通道、OCC、各专业间存在施工和软件接口

各专业接口内容明细划分 表7-2

接口关系	施工接口内容
土建工程-轨道工程	提供测量控制点、提供下料口、水电接口、轨行区移交
土建工程-通风空调	土建提供设备安装所需的基础、预埋件、一次结构孔洞
土建工程-给水排水消防	土建提供设备安装所需的基础、预埋件、一次结构孔洞尺寸及位置正确、水泵基坑无垃圾及渗漏水
土建工程-动力照明	土建提供设备安装所需的基础、预埋件、一次结构孔洞、接地极
土建工程-装饰装修	土建预埋件、预留洞口位置尺寸、柱、墙、楼梯等结构尺寸、通道内人防门门槛标高、结构防水
土建工程-35kV变配电	设备预留孔洞、电缆夹层高度
土建工程-接触网	车辆段库内及平台下、洞口等处土建为接触网专业预留的预埋件，地下区段墙体达到隔离开关等设备安装要求，人防门处土建提供架空地线连通孔洞，隧道洞口和高架车站处土建预留吊柱安装底座，预留支柱基础（特别检查限界要求）、拉线基础以及防雷接地引出端子
土建工程-电扶梯	完成预埋件及孔洞预留
土建工程-屏蔽门	土建预留屏蔽门安装顶梁及沟槽，保证屏蔽门系统的精确定位和正常工作
土建工程-通信系统	土建预留电缆孔洞
土建工程-信号系统	土建预留电缆孔洞
土建工程-综合监控	土建预留电缆孔洞
轨道工程-给水排水	轨道工程完成排水沟，排水沟接入车站、区间的废水泵房的集水坑处
轨道工程-35kV变配电	轨道专业负责预埋测防端子
轨道工程-接触网	预留电缆过轨通道、轨平面标高及中线
轨道工程-信号系统	过轨预埋管敷设、道岔基坑、计轴、转辙机装置钻孔
通风空调-给水排水	空调水系统提供补水量与接管点，与给水排水系统的分界在接管点前的第一个阀门（阀门由给水排水系统提供）
通风空调-低压动照	动照专业为空调设备提供电源，接口界面在空调设备的接线端子处
通风空调-装饰装修	装修专业提供管线安装时侧墙预留孔洞，预留大型设备/材料运输通道、吊顶房间风口安装预留孔，吊顶标高
通风空调-消防系统	防火阀接线盒的接线端子排硬线连接，TVF风机和U/O风机控制柜接线端子排硬线连接
给水排水消防-低压动照	低压动照提供相应负荷等级的电源至设备现场水泵控制箱；低压动照提供车站出入口、风亭水泵配电箱，并引配电电缆至水泵控制箱
给水排水消防-装饰装修	装修提供管线侧墙预留孔洞，暗装消火栓箱、冲洗栓箱预留位置，卫生间吊顶标高，洁具安装地面、台面标高
给水排水消防-消防系统	消防泵控制柜、喷淋泵控制柜接线端子排硬线连接电动蝶阀控制箱接线端子排硬线连接
给水排水消防-电扶梯	电扶梯专业向给水排水专业提出排水要求

续表

接口关系	施工接口内容
动力照明-装饰装修	装修提供管线安装时侧墙预留孔洞，预留大型设备/材料运输通道、吊顶处灯具安装预留孔，吊顶标高，暗装配电箱的预留孔，导向标牌本体安装与吊顶、墙柱面的接口
动力照明-35kV变配电	35kV变配电专业提供配电变压器低压侧接线端子，动照专业负责电缆连接
动力照明-消防系统	UPS电源柜接线端子排处引线接口，提供消防使用电源，配电箱接线端子排处硬线接口火灾时，切掉非消防电源，区间双电源切换箱端子排处，提供消防使用电源
动力照明-屏蔽门	动力照明为屏蔽门提供电源，负载为1级
动力照明-电扶梯	为电扶梯及下部空间照明提供电源
装饰装修-安防系统	在弱电综合机械室、站台、站厅、天花吊顶、垂直电梯处，装修提供设备房及车站相应位置开孔
装饰装修-消防系统	与吊顶、墙柱面的接口，防火卷帘门控制柜接线端子排
35kV变配电-接触网	35kV变配电专业负责向接触网专业提供接线端子
通风空调-综合监控	冷水机组群控设备、风机、风阀、水阀、组合式空调等安装完成后由综合监控专业联入系统，输入输出接线端、通信接线端存在数据接口及硬线接口
给水排水消防-综合监控	给水排水专业完成水泵、水阀、水表后由综合监控专业纳入系统，设备控制箱接线端，硬线接口
动力照明-通信系统	提供通信等接地端子箱及低压电源，接口系统电源箱的出线下端口，通信机械室内低压配电为通信提供设备电源和接地母排及管线预埋
动力照明-综合监控	提供监控接地端子箱及低压电源，接口在系统电源箱的出线下端口，并配合综合调试，在弱电综合机械室，低压配电为综合监控提供设备电源和接地母排，设备控制箱接线端，硬线接口，管线预埋
动力照明-安防系统	管线预埋
动力照明-乘客资讯	管线预埋
动力照明-信号系统	提供信号接地端子箱及低压电源，接口在系统电源箱的出线下端口
装饰装修-通信系统	在通信设备机械室、站台、站厅、顶棚、垂直电梯处，装修专业为通信提供设备房及车站相应位置开孔
装饰装修-综合监控	在弱电综合机械室、站台、站厅、顶棚、电扶梯处，装修提供设备房及车站相应位置开孔
装饰装修-安防系统	在弱电综合机械室、站台、站厅、顶棚、垂直电梯处，装修提供设备房及车站相应位置开孔
装饰装修-乘客资讯	在弱电综合机械室、站台、站厅、顶棚、电扶梯处，装修提供设备房及车站相应位置开孔
装饰装饰-信号系统	与顶棚、墙柱面的接口
35kV变配电-综合监控	综合监控专业负责变电所综合自动化信号屏至综合监控设备的线缆光缆敷设
通信系统-综合监控	通信传输网为综合监控提供传输通道、数据接口
动力照明-自动售检票系统	预埋件移交，测量控制点及相关设计资料移交，设备房移交，与装修施工接口，供配电接入，与系统安装接口
装饰装修-自动售检票系统	预留位置
35kV变配电-主变电所	主变电所单位提供35kV电源接口
人防门-土建工程	土建专业负责人防门框混凝土制作，按图纸要求门框墙管洞预埋。并提前通知人防门进行预埋件安装。在封顶板、中板前通知人防门将人防门吊装进适当位置
人防门-轨道工程	轨道专业在门槛混凝土的浇筑前，提前通知人防门专业进行预埋件安装
人防门-综合监控	提供供综合监控接线的预留端子

7.5 接口管理工作内容

制定接口管理办法，编制接口工作任务矩阵和接口任务手册，形成接口管理工作程序和接口任务矩阵框架。确定任务计划、目标。

通过高效、强力的组织体系，保证工程接口管理的权威性，顺利实施各项工程接口任务。明确各方职责，确认工程接口实施过程中各参与方的责任、权利和义务。

组织、协调、督促施工单位在组织、技术、装备、人员上保证其所负责的工程接口任务的实施执行，全面履行总承包合同。

参加业主组织的接口管理专题会，组织接口管理工作例会，协调涉及各方接口任务执行过程中的问题，确认解决方案。

协调处理站后工程施工重大技术接口方面的突发性事项。

审查并确认各专业施工单位接口任务的完成情况，动态调整接口任务矩阵和接口任务表。

在系统调试时，组织、协调各专业施工单位配合供货商或集成商的接口调试，监督完成接口试验、全功能测试及综合联调。

7.6 接口管理工作流程

7.6.1 接口验收

接口管理文件包括接口管理计划、方案、会议纪要、总结报告等。在接口管理文件编制之前，应详细、明确地划分接口关系，编制接口管理文件，提供明确和一致的信息；接口管理要覆盖各相关方，强调专业原则，保证接口明确，责权清晰，降低接口风险；要做到简化接口，提高效率，属于上游接口的问题应在上游环节解决，不能流入下游环节。

7.6.2 接口例会

建立有效的接口例会制度是提高接口协调工作效率、推进工程进展、协调解决各类接口问题的主要手段之一，它可能涉及业主、建设指挥部、设计、监理、各标段、设备制造、材料供应及其他与工程相关的单位和部门。接口会议一般分为：业主接口例会、建设指挥部接口例会、标段项目部接口例会及接口专题协调会。

7.6.3 接口问题的处理

（1）外部接口：先由接口动议方提出存在问题并以书面形式上报接口管理领导小组，接口管理领导小组对问题进行审查，确认后报业主接口管理部门，业主接口管理部门（接口管理领导小组配合）组织相关方（相关主管部门、设计、监理、动议方及责任方等）召开接口协调会议,提出处理方案,接口管理小组负责配合实施。具体工作流程如图7-1所示。

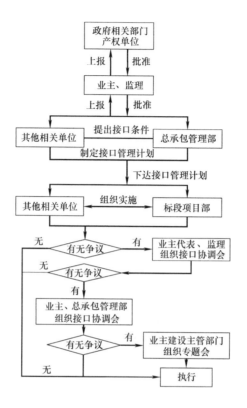

图 7-1 外部接口问题处理流程图

(2)内部接口:先由接口动议方提出存在问题以书面形式上报接口管理小组办公室,接口管理小组办公室对问题进行审查确认后召集相关方(设计、监理、动议方及责任方等)召开接口协调会议,提出处理方案(报监理、业主备案),接口管理小组办公室负责督促实施。具体工作流程如图7-2所示。

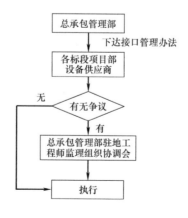

图 7-2 内部接口问题处理流程图

7.7 各专业接口划分

地铁工程涉及专业多、关系复杂、技术难度大，做好地铁工程依赖各专业、各系统的配合。为了使地铁各系统能紧密结合、有效联系，达到整个地铁安全、可靠、经济、合理，有效发挥各部分的功能，在设计过程中编制完整的技术接口，注意并处理好各系统的接口关系十分重要。完整正确的接口是指导、检查和验证各子系统设计的完整性、安全性、可靠性、合理性和经济性的重要文件。接口的编制只能由浅入深、由粗到细，并在各个阶段中逐步完善。

建设指挥部就各专业接口界面做了一个详细划分，见表7-3。

土建与站后各专业接口界面划分表　　　　　表7-3

工作界面分类	土建单位负责工作范围及内容	轨道单位负责工作范围及内容	机电及装饰装修单位负责工作范围及内容
一、地下车站及区间			
综合接地	土建单位负责接地网等实施，并提供供电、动力照明专业的预留接地点位及检测报告，且做好成品保护	—	常规设备及装修施工单位负责风水电及弱电专业设备所需的接地端子箱/排，供电施工单位负责供电专业设备所需的接地箱/排
			土建移交后，接线端子保护由地盘管理单位负责；移交系统单位后，由系统单位负责
盾构始发井、轨排井、出土孔等的封堵，轨行区下沉段回填	土建单位负责浇筑实施	—	—
落轨梯	由土建单位负责实施（含后续增补）	—	—
预留预埋、开孔	—	—	场地移交前，机电单位需派专人根据建筑图（含后期变更图）复核所施工车站预留预埋是否与图纸一致，若有漏、错的预留预埋，及时与土建单位对接

续表

工作界面分类	土建单位负责工作范围及内容	轨道单位负责工作范围及内容	机电及装饰装修单位负责工作范围及内容
预留预埋、开孔	因机电系统设计特殊性，部分预留预埋在建筑图上表达不完全，后期机电设计稳定后，增加或调整的孔洞，穿越主体结构的（如人防结构、围护结构、防水结构等）均由土建负责实施；不穿越主体结构、不牵扯到结构防水，但孔径＞300mm（或一边边长＞300mm），由土建负责实施	—	因机电系统设计特殊性，部分预留预埋在建筑图上表达不完全，后期机电设计稳定后，增加或调整的孔洞，不穿越主体结构、不牵扯到结构防水等且孔径≤300mm（或边长≤300mm），由机电单位负责
	土建结构施工为远期预留的混凝土结构墙由土建单位实施，孔洞套管外封堵由土建单位封堵		孔洞套管内封堵由使用单位封堵，未使用的由地盘单位负责
站台板下有组织排水	土建单位负责实施，并同步移交	—	—
过轨管线预埋、过轨沟槽预留	—	轨道单位负责区间过轨套管及杂散电流端子预留预埋，机电单位负责配合轨道单位进行过轨套管及杂散电流端子预留预埋位置的确定，并在施工现场签署过轨套管及杂散电流端子预留预埋确认单	机电单位负责过轨机电专业材料及安装施工
设备房间设备基础	结构图中需与结构混凝土一起浇筑的设备基础或预埋件（由土建单位采买）由土建负责实施	—	除结构图外的设备基础由机电单位施工，包括预埋件、钢筋、混凝土浇筑等。机电单位负责现场核实位置
站内风井、废水池、污水泵房、夹层内、区间泵房的检修爬梯及盖板(含后续增补)	土建单位负责按图实施，并同步移交站后单位（含后续增补）	—	检修盖板需与装修面层同材质的由机电单位实施
出入口通道两道人防门槛之间及有人防门的风亭至内集水坑的人防防爆地漏及预埋管线	土建单位实施	—	—

续表

工作界面分类	土建单位负责工作范围及内容	轨道单位负责工作范围及内容	机电及装饰装修单位负责工作范围及内容
车站范围内人防门框、门槛、人防门支墩、吊钩拉杆等预埋件及浇筑	负责人防门框及预埋件的预埋及人防门门框的混凝土浇筑	—	1. 人防单位提供人防吊钩、门框等预埋件并配合复核预埋件设置位置、标高等
	配合人防单位、站后单位共同复核预埋件设置位置、标高等，并留下影像记录		2. 人防单位负责人防门框及门扇的吊装及安装
	施工过程中出现的与结构有关的偏差需调整预埋件位置时，由土建单位负责整改		3. 人防单位负责组织全线人防自检及配合相关验收工作
	负责区间人防门门槛及人防门支墩浇筑		—
设备房间夹层板	由土建单位负责实施	—	机电单位负责配合复核
区间中隔墙及靠近轨行区墙体	施工图为混凝土工程，由土建单位实施	—	施工图为砌筑工程，由机电单位实施
室内外给水排水及消防工程	1. 负责从各站点的室外排水（含污废水）管道至站点附近市政污废水排水管网的排水管段敷设施工；含站点消能井（减压井）、化粪池的砌筑，减压井、排水检查井、化粪池与排水管道接管、排水管道与市政排水管道接管、排水管道与市政排水管网接管；室外排水（含污废水）管道实施至结构内侧200mm，预留机电连接条件	—	1. 负责站点室外给水管道敷设等，即：负责自来水给水管道敷设、消防给水管道敷设、中水回用管道敷设、室外水泵接合器安装及室外消火栓安装、市政自来水管网至车站水表井（含水表井）的给水管道敷设、自来水管道与市政给水管网接驳施工、给水阀门井砌筑及阀门安装、室内自来水给水管与室外自来水给水管接口施工、室内消防给水管道与室外给水管道接口施工、室内中水回用管道与室外中水管道接口施工等
	2. 负责结构内外套管内封堵	—	2. 负责其管辖范围内的车站室外冷却水管敷设，即负责从车站相应附属结构处至冷却塔处的通风空调冷却水管道敷设
	3. 负责室外所有管道的土方开挖及回填施工	—	3. 建筑物污废水排水出户管、雨水排水出户管道的碰口施工（以至结构内侧200mm为界）
区间联络通道预埋管及孔洞	土建单位负责实施	—	—
电扶梯、风机、水泵吊钩等预埋件	按照图纸负责实施；图纸遗漏或设计后续增补的吊钩由土建单位实施	—	—

续表

工作界面分类	土建单位负责工作范围及内容	轨道单位负责工作范围及内容	机电及装饰装修单位负责工作范围及内容
轨行区范围内人防门框、门槛、人防门支墩、吊钩拉杆等预埋件及浇筑	负责人防门框及预埋件的预埋及人防门门框的混凝土浇筑	负责区间人防门门槛、人防门支墩等浇筑	1.人防单位提供人防吊钩、门框等预埋件并配合复核预埋件设置位置、标高等
	配合人防单位、站后单位共同复核预埋件设置位置、标高等，并留下影像记录		2.人防单位负责人防门框及门扇的吊装及安装
	施工过程中出现的与结构有关的偏差需调整预埋件位置时，由土建单位负责整改		3.人防单位负责组织全线人防自检及配合相关验收工作
离壁沟			由公共区装修及设备区装修单位各自负责范围内的离壁沟
二、地面附属			
地面附属及室外地面接驳	1.按原状恢复的全部工程由土建单位负责；若原状为人行道，土建单位需恢复为人行道	—	1.负责后期增加的5m范围以内涉及与市政道路接驳的地面垫层及装修面层(盖板需与装修面层同材质的由公共区装修单位实施，与绿化分割的路缘石由公共区装修单位配置)施工；公共区装修单位根据装修施工层厚度、防汛要求等与土建单位对接，确定土建回填标高等；5m以外的市政接驳及路面恢复全部由土建单位实施
	2.后期增加的涉及与市政道路接驳的地面恢复（除回填土以上所有类型垫层、装修面层以外）由土建单位负责，含开通前隔离。5m以外的市政接驳及路面恢复全部由土建单位实施		2.出入口及出入口平台、出地面残疾人电梯、风亭及风井等出地面附属面层装饰工程由公共区装修单位负责实施；附属周边砌砖花池绿化由公共区装修单位实施
	3.出入口及出入口平台、出地面残疾人电梯、风亭及风井等地面附属混凝土结构由土建单位负责实施，含残疾人坡道混凝土基础、出入口平台踏步		—
冷却塔基础、垫层及装修	冷却塔基础（含有组织排水、条形基础及预埋件）由土建单位实施；冷却塔基础施工、运营要求所涉及的管线迁改由土建单位实施	—	冷却塔外包装饰由公共区装修单位实施

续表

工作界面分类	土建单位负责工作范围及内容	轨道单位负责工作范围及内容	机电及装饰装修单位负责工作范围及内容
附属结构	施工图为现浇混凝土结构，由土建单位实施	—	施工图为钢结构，由公共区装修单位实施
通信和信号手井及管道	土建单位负责实施	—	—
三、停车场			
综合接地	土建单位负责接地网等实施，并提供供电、动力照明专业的预留接地点位及检测报告，且做好成品保护。设计院应组织设计交底	—	常规设备及装修施工单位负责风水电及弱电专业设备所需的接地端子箱/排，供电施工单位负责供电专业设备所需的接地箱/排 土建移交后，接线端子保护由地盘管理单位负责；移交系统单位后，由系统单位负责
防雷接地、外墙接地	土建单位负责建筑屋外防雷接地、房顶引下线及预留预埋等施工，并提供相应的引下线点位，及检测报告	—	常规设备及装修施工单位负责接入引下线的接地端子箱、网格接闪器、避雷针的安装，给其他机电系统单位提供相应的接地点位
库区检修机坑检修插座箱孔洞预留	土建单位根据施工图纸要求负责箱体孔洞预留（含后期增补、调整）	—	机电单位配合土建单位预留预埋，并根据土建进度进行管线预埋及后期插座箱安装
外幕墙工程预埋板预埋	土建单位根据幕墙预留预埋图纸进行预留预埋及质量控制	—	装修施工单位组织幕墙专项设计，并通过第三方设计咨询公司强审，提供预留预埋图纸并交底于土建单位；装修施工单位配合、核实土建预埋质量，并签认。幕墙工程由机电及装修单位实施
建筑内卫生间排水孔	—	—	机电单位根据给水排水图纸及装修排版图，负责卫生间排水孔洞开孔
工艺设备基础及回填	结构图中需与结构混凝土一起浇筑的设备基础或预埋件由土建负责实施	—	除结构图外的设备基础由机电单位施工，包括预埋件、钢筋、混凝土浇筑等
库内垫层及二次砌筑工程	土建单位负责地梁及以下构筑物施工，并按施工图回填至地面装修层以下标高，并进行沟槽管线的预留预埋	—	机电单位负责末端设备安装及二次砌筑，站后单位需配合土建单位回填
库内装饰装修及附属设施	1.负责库内回填至设计标高并完成地面垫层后移交站后施工单位	—	垫层内预埋管线、金刚砂面层、地砖、地面标线等由机电单位负责

续表

工作界面分类	土建单位负责工作范围及内容	轨道单位负责工作范围及内容	机电及装饰装修单位负责工作范围及内容
库内装饰装修及附属设施	2.负责墙顶面原土建施工留下的毛刺等处理	—	垫层内预埋管线、金刚砂面层、地砖、地面标线等由机电单位负责
绿化工程及给水	土建单位根据设计标高及机电施工节点等要求，分区域恢复场地，移交绿化单位，并根据施工图要求预留给水点	—	机电单位根据绿化图纸及绿化种植土厚度，与土建分区域对接场平恢复标高，场内绿化工程由机电单位实施（含种植土），负责场内绿化给水施工
库内综合管网（含管沟、埋管、检修井、盖板、排水管、给水管及地漏）	库内综合管网（含管沟、检修井、盖板、预埋管线、排水管、给水管等，管沟底面应考虑有组织排水）由土建单位实施	—	配合土建单位预埋管线，地漏由机电单位负责
柱式检查坑立柱	土建单位负责按施工图预留钢筋	轨道单位负责立柱混凝土浇筑及轨道扣件预埋施工	—
立壁式检查坑立柱	土建单位负责	配合测量放线	
蹬车平台	土建单位负责蹬车平台结构施工		蹬车平台钢结构爬梯及围栏施工
库外轨行区排水沟槽、综合管沟及其盖板的成品保护	土建单位将排水沟槽、综合管沟及其盖板安装完成后（管沟底面应考虑有组织排水），经土建、站后、成投及监理单位验收后移交给站后单位		移交后的排水沟槽、综合管沟及其盖板的维护保养工作以及盖板的破坏更换均有站后单位负责
库外综合管沟土建与站后单位移交界面	土建单位将管沟结构、防水及盖板安装完成后（管沟底面应考虑有组织排水），经土建、站后、成投及监理单位验收后移交给站后单位		移交后的综合管沟的维护保养工作以及盖板的再次安装均由站后单位负责
围墙、大门及门卫室	土建单位负责砌筑或混凝土现浇结构施工，包含围墙贴砖及乳胶漆，负责门卫室大门及导轨安装	—	机电单位负责相关机电设备安装及门卫室内外装饰装修（含停车系统、门禁系统）
场内道路及道路下预埋	土建单位负责	—	机电单位配合
室内外给水排水及消防工程	1.负责室外给水排水和消防管网施工	—	负责室内（建筑物内）给水排水、室内给水管道敷设、阀门附件安装，并负责

续表

工作界面分类	土建单位负责工作范围及内容	轨道单位负责工作范围及内容	机电及装饰装修单位负责工作范围及内容
室内外给水排水及消防工程	1) 负责位于站场的雨污水排水管道工程、排水检查井、化粪池及隔油池等的施工（以出建筑第一口检查井或消能井为界）；负责位于站场的给水管道和消防管道工程、水表井、阀门井等的施工（以出建筑第一口水表井或阀门井为界，含水表井和阀门井的管道附件安装）	—	1) 建筑物污废水排水出户管道与站场相关排水检查井、化粪池、隔油池等的碰口施工（以出建筑第一口检查井或消能井为界）
	2) 负责站场雨污水管道与市政排水管网接驳施工；负责站场自来水引入工程施工，负责自来水管道与市政给水管网接驳	—	2) 建筑物屋面雨水排水管道与站场雨水检查井碰口施工（以出建筑第一口检查井或消能井为界）
	3) 配合机电系统及装饰装修施工单位完成建筑物出户污废水排水管道、建筑物屋面排水管道、室内给水管道、室内消防水管道与站场相关排水检查井、化粪池、消能井、水表井、阀门井等的碰口施工		3) 建筑物给水（含消防给水）入户管道与站场相关水表井、阀门井等的碰口施工（以出建筑第一口阀门井或水表井为界）
	2. 负责室外所有管道的土方开挖及回填施工		—
单体建筑（综合楼、运转综合楼、食堂、公寓等房建工程）二次砌筑及装饰工程	土建单位负责单体建筑主体结构、二次主体结构、屋面防水、屋顶女儿墙等施工	—	机电单位负责单体建筑外装饰、外墙保温、内装饰、室内二次砌筑及抹灰的施工，负责外墙散水的施工
四、市政配套工程			
给水排水接驳界面	各土建施工单位负责其管辖范围内的市政桥、隧道（以下简称站点）室外排水接管工程施工，即：1) 负责从各站点排水消能井（减压井）、排水检查井等至站点附近市政污、废水排水管网的排水管道敷设施工，含站点消能井（减压井）的砌筑，减压井、排水检查井与排水管道接管、排水管道与市政排水管网接管施工；2) 市政桥或隧道至消能井（减压井）排水管道敷设施工	—	各机电施工单位负责其管辖范围内的市政桥、隧道（以下简称站点）主体结构（附属结构）至表后阀门井（含阀门井砌筑）给水管道敷设施工

续表

工作界面分类	土建单位负责工作范围及内容	轨道单位负责工作范围及内容	机电及装饰装修单位负责工作范围及内容
预留预埋	根据施工图对预留预埋实施，具体包括如下 1.消火栓、配电箱（照明配电箱、风机控制箱、检修插座箱）等孔洞、沟槽及预埋钢管 2.风机等设备预埋钢板及预埋管件 3.给水引入、路面电缆引入隧道的预埋防水套管 4.桥面路灯基础法兰盘及所需预埋钢管和接线盒，以及后期混凝土包封收口 5.地面引上桥面路灯供电回路的梁柱内钢管、接线盒等的预留预埋 6.桥面路灯接地 7.装修栏杆预埋基础 8.声屏障基础螺栓及预埋钢板(如有) 9.交通安全设施、智能交通等预埋管件及基础	—	机电、装修、交安施工单位配合，包括对预留预埋的交底、预埋过程中的配合、预留预埋完成后的核实等，并形成相应书面影像资料及移交

五、其他项目

工作界面分类	土建单位负责工作范围及内容	轨道单位负责工作范围及内容	机电及装饰装修单位负责工作范围及内容
既有线接驳	1.临时封堵墙的施工 2.既有结构封堵墙拆除 3.盾构井下沉段索混凝土回填	1.拆除临时封堵墙 2.根据运营公司要求制作安装封堵门 —	—
既有线改造	土建单位负责打围、砌体及结构混凝土的拆除，新增混凝土结构的施工	—	运营公司、地保办相关手续及方案由站后单位汇总后统一上报审批；站后单位负责新增砌体的砌筑，风水电施工及既有设备拆除和安装；地盘管理由机电单位负责
限界检测	—	—	由供电单位负责
隧道冲洗	—	由轨道单位负责，若现场水源有限，轨道应配置水箱等临时措施	车站地盘单位负责提供站内给水点
车站地盘管理	负责土建工程实施期间至站后（轨道）移交前地盘管理 移交后管理责任同步移交	负责铺轨基地施工场地移交后至轨道竣工地盘管理 铺轨基地移交土建进行轨排井封堵施工，需按接收标准恢复，拆除轨道梁及硬化地面，清理轨排井及轨行区杂物。负责轨行区地盘管理直至轨行区移交运营	机电地盘单位负责站后施工场地接收后地盘管理，后续进入地盘施工的单位均服从其地盘管理

续表

工作界面分类	土建单位负责工作范围及内容	轨道单位负责工作范围及内容	机电及装饰装修单位负责工作范围及内容
车站地盘管理	移交范围应明确站台板下等夹层空间的移交情况,施工围挡按标准化建设标准同步移交	—	机电地盘单位负责站后施工场地接收后地盘管理,后续进入地盘施工的单位均服从其地盘管理
轨行区地盘管理	负责移交轨道专业前的地盘管理,包括区间临电、建筑垃圾、生活垃圾等清理等	轨道接收后,负责整个区间、联络通道及泵房的地盘管理(包括区间临电、建筑垃圾、生活垃圾等清理等)	负责地盘接收后的区间泵房等区间设备房地盘管理(包括临电、建筑垃圾、生活垃圾等清理等)
		区间积水由轨道施工单位抽至车站废水泵房,再由车站地盘管理单位将废水抽排	
		区间泵房等区间设备房由土建单位移交轨道专业,轨道专业再移交机电专业,管理权同步移交	
地面附属地盘管理	1.负责土建结构施工期间至移交站后前的地盘管理,移交范围包含附属结构及站后施工场地	—	1.负责站后施工场地打围范围内地盘管理,机电单位须单独打围(含施工场地)。存在交叉施工的须严格执行车站地盘管理单位要求
	2.占道打围若需办理延期手续应协助并配合站后单位办理		2.土建地面恢复完成后,机电未施工完成的,土建退围,机电自行打围,土建负责配合办理延期手续

7.8 接口管理工作制度

7.8.1 报表汇报制度

站后工程接口管理实行报表汇报制度。各标段、各专业施工单位按照周、月、季度报表向建设指挥部汇报接口管理进展情况。建设指挥部应随时将重要动态、紧急情况报告业主。报表包括但不限于如下内容:

(1) 专业代码表;
(2) 接口任务矩阵表;
(3) 技术接口表;
(4) 接口动议表单;
(5) 接口问题处理记录;
(6) 接口协调会议纪要;
(7) 接口异常报告表单;
(8) 接口管理工作报告。

7.8.2 接口管理会议制度

站后工程接口管理实行工作会议制度，协调和落实接口管理相关问题。

1. 业主接口管理会（调度例会）

按时参加业主召开的调度例会，建设指挥部、各标段、各专业施工单位、集成商、供货商等单位参加，协调处理施工中出现的重大接口问题。

2. 建设指挥部接口管理例会

由建设指挥部主管副指挥长主持，各标段、各专业施工单位项目经理、总工程师、技术人员参加，邀请业主、设计、监理和各专业设备供货商、集成商参加，协调解决工程施工过程存在的施工接口问题。

3. 各标段接口协调例会

由各标段协调地盘监理单位主持召开各标段工程接口例会。建设指挥部各相关专业工程师、标段设备安装装修单位、各专业施工单位项目经理或总工程师、技术人员参加，协调落实标段地盘管理范围内工程接口问题。

4. 接口问题专题协调会

协调会是处理各类接口问题的主要形式。

一般总承包项目与外部环境的接口由业主或其委托建设指挥部主持，接口相关单位参加，各动议方发现和提出接口问题并填写接口动议单后，接口各有关方讨论协商接口问题的处理方案并形成意见。而项目内部各专业的接口由建设指挥部接口管理领导小组主持，接口相关单位参加。

7.9 接口管理工作守则

接口管理工作坚持维护国家利益、长远利益、整体利益的立场，公正、合理地处理接口问题，不得在工作中掺杂个人情绪。

接口管理工作坚持科学态度和实事求是的原则，客观了解接口有关方的情况，充分吸取各种意见，重视调查研究，尽量避免片面性。

从事接口管理的人员向接口各有关方了解情况及协商处理的过程中，不应与其发生经济往来。不应接受可能导致或被视为可能导致处理不公的宴请活动。

总包单位各职能部门、各标段项目部要坚持按合同规定向业主提供尽可能周到的服务，工作中向业主充分反映各方的意见，积极提出处理建议。

接口处理工作要讲求时效。办事不拖拉、不积压，不耽误接口问题的及时处理。

各方从事接口管理的人员要不断努力学习国家的方针政策和有关地铁工程的业务知识，提高自身的工作能力和效率，全方位满足"工程利益第一"的要求。

7.10 接口管理的实施

7.10.1 与政府职能管理部门的接口管理

以指挥部为主，各标段项目部做好配合，与政府各职能部门的密切联系和沟通，严格按照政府有关法律、法规，对施工报建、安全、质量、施工用地、运输通道、绿化迁移、文件编制、专项竣工验收进行全面管理。

在施工前期对接了解既有管线、道路、供电电源及主变电所的位置，对需要调整改移的内容及时协调处理；气象、水文等部门提供相关资料，设定地震及水灾防护等级。

施工过程中应遵守政府职能管理部门制定的相关政策法规，接受相关部门的监督与约束，相关问题及时与政府部门沟通协调，共同处理；相关施工文件、资料的编制完成后按照要求报送相关单位。

7.10.2 与地方行业管理部门的接口管理

地铁建设与地方行业管理部门的接口主要包括与市供电局、城建局、自来水公司等部门的接口。在接驳正式水、电施工时，以指挥部为主，各标段项目部配合，需要按照相关部门的行业规定和规范，接受监督和指导，保证正式水电的接驳，按照行业管理部门的要求组织专业施工对接，保证设计功能的顺利实现。

7.10.3 与地铁公司的接口管理

以指挥部为主，各标段项目部配合，按照合同要求，相应业主号召，接受业主监督，履行好总承包合同内职责与义务，指挥部应指导各标段做好站后工程的施工组织、安全管理、质量管理、设计管理、设备材料采购管理、计划管理，接受地铁公司的指导、检查、监督。

7.10.4 与监理公司的接口管理

由指挥部指导监督，各标段为主，接受相关标段和系统的监理公司的监督和检查。配合监理单位相关工作，指导标段与监理协同处理好验收、竣工等现场和资料工作。

7.10.5 与设计院的接口管理

以指挥部为主，各标段项目部配合，按照设计管理办法，遵从地铁相关设计规范，由指挥部统一对施工设计实施管理，要求施工单位按照蓝图施工，协调设计院出图、设计变更等相关事宜，遇到图纸与施工现场情况矛盾时应及时联系设计咨询处理意见。

7.10.6 与非BT工程的接口管理

对于与既有运营地铁施工的对接，以指挥部为主，相关标段项目部配合，按照地铁运营公司的要求进行施工。重点是保证地铁运营安全，在地铁公司统一领导下开展施工，并保证设备材料的兼容和协调接驳的顺畅。

对于与其他在建地铁线路的施工协调和配合，以指挥部为主，相关施工标段项目部配合。界定施工范围，制定配合方案，并在地铁公司统一协调下，开展施工。

对于甲供的或需要供货商安装的施工配合，由指挥部指导，各标段项目部自行进行施工接口管理。主要是做好屏蔽门、电扶梯、垂直电梯、工艺设备等部分的施工配合。

7.10.7 各系统、各专业施工接口的管理

指挥部负责各系统之间的接口协调,标段项目部负责各施工专业、施工工序之间的接口协调。指挥部和标段项目部需要建立专门组织,制定完善的管理制度,以安全、质量和进度为主线,以公平、公正为原则对施工接口进行管理。

7.11 考核

建设指挥部定期或不定期对各标段站后工程接口施工进行专项检查,并将检查结果纳入建设指挥部的综合评比当中,督促存在问题的相关单位进行限期整改。

8 车站地盘管理

为加强地铁工程站后机电装修工程施工现场地盘管理，规范管理流程，建设指挥部应编制地盘管理办法，明确建设指挥部、地盘管理单位与其他系统单位的职责与权力。对站后工程进场后的现场安全生产、文明施工、设备材料进出、成品保护、防汛、防火、防盗及人员准入等方面的规范化管理，以及现场各专业间作业工序安排、临时水电管理、公共资源配置、接口界面协调等内容进行详细规定。

8.1 地盘管理单位及地盘管理界面划分

地盘管理单位应根据建设指挥部编制的地盘管理办法编制地盘管理实施细则，通常车站地盘管理单位为常规机电（风、水、电、设备区装修）施工单位；轨行区地盘管理单位为轨道施工单位。

地盘管理单位在满足自身施工作业条件的同时，应统筹安排，保证其他各施工单位在时间、空间上的作业关系顺畅，建设指挥部对此进行监督管理。

施工现场管理根据土建承包商移交场地的进度进行阶段性管理。土建场地未移交前由土建承包商实行场地管理，土建移交后的场地管理由地盘承包商进行施工管理。移交节点以双方签订移交证明文件为准。在施工现场，土建与机电承包商管理界面分界位置应采取有效的分隔措施，以隔离双方施工人员。

8.2 土建车站移交站后标准

土建车站移交标准可参考表8-1。

土建车站移交站后标准　　　　表8-1

移交接管检查项目	移交接管标准
土建结构完成内容	（1）车站主体结构（区间）、附属结构一个出入口，一个风亭施工完成，并通过质量验收；车站站厅层、站台层移交的同时必须附带移交一个出入口通道及一个风亭组，并保证机电系统相关专业施工人员、材料物资、机械设备能够通过其附带移交的出入口通道及风亭组顺利到达车站站厅层、站台层
	（2）车站内部结构施工全部完成
	（3）质量缺陷销项的清单梳理完成，并明确整改时间
	（4）场内材料、建筑垃圾清理完成
土建施工完成产品清单及验收记录（分段实体验收记录复印件）	（1）本次移交范围已明确，交接双方协商完成
	（2）预留、预埋施工符合设计标准

续表

移交接管检查项目	移交接管标准
土建施工完成产品清单及验收记录（分段实体验收记录复印件）	（3）预留、预埋排查情况统计表满足具备移交站后标段要求
施工用水、用电接口	施工用水、用电接口移交协议交接双方协商完成，并签字确认
场地内临时设施	（1）临边防护移交协议交接双方协商完成，并签字确认 （2）场区道路移交协议交接双方协商完成，并签字确认 （3）施工围挡移交协议交接双方协商完成，并签字确认 （4）临时照明移交协议交接双方协商完成，并签字确认 （5）通风设施移交协议交接双方协商完成，并签字确认 （6）场内排水设施移交协议交接双方协商完成，并签字确认 （7）管理权限移交协议交接双方协商完成，并签字确认
测量控制点及复测资料	测量控制点及复测资料土建施工单位已完成整理，具备移交站后单位条件
设计变更资料	设计变更资料土建施工单位已完成整理，具备移交站后单位条件
管线资料	管线资料土建施工单位已完成整理，具备移交站后单位条件
土建剩余工程施工计划	土建剩余工程施工计划土建施工单位已编制完成，并发与站后单位
安全管理协议	土建及站后标段已签订安全管理协议
防汛重点说明文件及物资	断头管封堵、周边水系等情况说明及图片文件已交接站后工程地盘管理单位；防汛物资、设施、设备等交接双方协商完毕
后期路面恢复工程（机电占用部分）	后期路面恢复协议（机电占用部分）交接双方已协商签订

8.3 地盘管理相关方职责

8.3.1 建设指挥部职责

（1）负责编制项目的地盘管理办法并检查、监督各单位的执行情况。

（2）对地盘管理单位编制的地盘管理实施细则进行审核审批，并监督实施细则的具体落实。

（3）组织召开地盘管理的各类例会、专题会，协调解决地盘管理出现的各类问题，阶段性部署地盘管理方面的相关工作。

（4）地盘管理各方出现争议时，建设指挥部应根据相关规范、合同的约定，公平地调解、处理各方的争议，确保工程顺利开展。

（5）建设指挥部工作人员进入地盘管理区域时，也应遵守地盘管理相关的出入、安全等各方面规定。

8.3.2 地盘管理单位职责

负责对标段内各施工单位进行综合协调管理：

（1）各标段地盘管理单位应对本单位的施工安全负责，并监督其他各施工单位严格遵守本办法之规定。各标段地盘管理单位项目经理为其标段内施工现场地盘管理的第一责任人，各标段地盘管理单位项目经理可授权有相应资质及经验的管理人员作为现场协调主管，代表本标段地盘管理单位依据合同规定和本办法规定，检查其他各施工单位对本办法的执行情况，对存在的问题按本办法进行处理。

（2）各标段地盘管理单位应编制《现场地盘管理实施细则》，该方案需经建设指挥部审查同意后在其地盘管理范围内实施。

（3）负责为各施工单位提供材料、设备及施工人员进出的临时专用通道，并对材料、设备、施工人员出入场进行监管。各施工单位进场施工前5天，地盘管理单位应按现场协商确定的结果，提供其进出的临时专用通道，以保证各施工单位施工项目的有序进行。

（4）负责对进入施工现场的各施工单位进行安全文明施工管理。包括但不限于：监督各施工单位在施工现场实行挂牌标识制度，作业区、材料堆放区、已施工完成的项目等应挂牌标识，明确责任单位、责任人；监督各施工单位在其施工机具标明其单位名称及联系方式；监督各施工单位施工人员着装按相关规定进行统一。

（5）负责车站内卫生管理，明确现场各区域的卫生负责人（原则上车站公共区卫生由地盘管理单位负责），保证现场各施工区域内干净整洁。负责为进入施工现场的各施工单位指定固定地点，供其临时存放垃圾。监督各施工单位将其产生的垃圾集中堆放至指定地点，并按照"谁产生，谁清运"的原则，达到"工完、料净、场清"。对无法确认责任单位的垃圾由地盘管理单位负责清运。

（6）负责对各施工单位的动火作业进行统一管理。

（7）负责对地盘管理范围内防汛相关工作进行统一管理。

（8）负责对地盘管理范围所有施工成品保护进行统一管理。

（9）负责对整个施工现场进行例行安全检查。地盘管理单位有责任将进入施工场地的各施工单位纳入其正常的安全管理范围之内，按相关安全文明施工检查制度对各施工单位的安全文明施工情况进行检查。对发现的问题监督责任单位整改，并将所发现的问题及责任单位整改的情况上报建设指挥部相关部门；地盘管理单位应统一规划施工范围内所有地上、地下施工场地，按合同及工程实际需要分配给各施工单位，同时实施总的管理，并负责划定各施工单位的安全管理责任区。安全管理责任区内安全由各施工单位自行负责。

（10）地盘管理单位负责对各施工单位安全管理体系的运作情况进行监督。各施工单位在进场前，应向地盘管理单位报送其所负责项目的安全管理体系，地盘管理单位有权审查该安全体系是否符合相关规定并在施工过程中进行日常检查。

（11）地盘管理单位有责任组织相关系统/专业承包商接受各类安全、质量检查，并监督相关系统/专业承包商对检查中各主管部门及单位提出的问题进行整改。

（12）地盘管理单位进场前，必须与建设指挥部签订安全文明施工协议。

8.3.3 其他系统施工单位的职责

（1）负责完善本单位安全管理体系，保证安全管理体系的有效运转并接受地盘管理单位的监督。

（2）各施工单位自主组织并负责对本系统/专业施工范围内的工程进度、安全、质量进行控制，并对自身的施工安全负全责，包括但不限于：在其施工范围内须遵守施工现场"谁作业、谁防护、谁负责"的原则，按相关安全规定设置防护设施；加强高处作业的安全管理。

（3）负责对本单位的职工进行安全生产教育，以增强法治观念和提高职工的安全生产意识及自我保护能力。

（4）应积极配合、服从地盘管理单位的统一协调管理。及时办理出入证，凭证出入。

（5）各施工单位必须遵守地盘管理单位的各项规定，服从地盘管理单位对现场施工场地的规划安排，不得随意占用场地。

（6）各施工单位需动火作业的必须提前向地盘管理单位提交书面申请，说明用火时间、位置、用途、管理责任人等。在取得地盘管理单位签发的动火作业令后方可组织作业，并在指定区域及时间内从事动火作业令中批准的相关作业。

（7）各施工单位在施工现场应遵守挂牌标识制度。已施工完成的项目、各单位使用的施工机具等位置应挂牌标示，标明其单位名称及联系方式；施工人员着装按相关规定进行统一。

（8）各施工单位应对各自的材料、设备、成品及半成品承担全部保护责任。涉及开孔、开洞等需破坏其他专业成品施工作业时，应服从地盘管理单位对成品保护的统一协调管理。

（9）各施工单位携带物资出门时，应持有地盘管理单位现场负责人签发的出门凭证。

（10）各施工单位在进场施工前，必须与地盘管理单位签订安全文明施工协议、临水临电协议。

8.4 地盘管理单位的现场管理

8.4.1 施工区域安全管理责任划分

（1）地盘管理主要单位应根据施工需要，将现场所有施工场地进行合理划分。根据施工单位的施工作业范围划分相应的施工区域。双方应书面确认，以便明确责任归属，并由地盘管理单位实施总协调管理。

（2）施工场地的占用由地盘管理单位实施动态管理。

（3）施工现场公共区（如车站站厅、站台、设备区走廊、楼梯、隧道区间等）由地盘管理单位负责管理，并负相应的安全管理责任。

（4）在各施工作业区域由相应的施工单位自行管理，并负相应的安全管理责任。

8.4.2 施工现场安全防护设施及其管理

施工现场的防护设施由地盘管理单位统一设置并管理，任何单位不得随意拆改已有防护设施。确需拆改的，必须经地盘管理单位书面同意并报监理通过后方可实施；工程作业完成后，拆除单位应及时恢复防护设施，并报地盘管理单位和监理单位验收。

（1）在施工现场各个施工区域根据相关安全法规设置安全防护设施。

（2）在施工现场公共区的安全防护设施由地盘管理单位统一设置，并定期检查。任何单位不得随意拆改已有防护设施；确需拆改的，必须经地盘管理单位同意后方可实施。

（3）其他施工区域遵循"谁作业、谁防护、谁负责"的原则，设置和管理相应的防护设施。防护设施的设置必须符合相关安全法规规定。

8.4.3 安全文明施工及成品保护措施

地盘管理单位应严格执行"安全第一、预防为主、综合治理"的安全工作方针，落实安全生产责任。

(1) 地盘管理单位必须与指挥部签订《安全文明施工协议》后，方可进场，在未办理安全文明施工协议前，未经指挥部的同意不得进场。办理进场安全文明施工协议时，需出示包括但不限于：安全管理机构及人员组成、安全管理岗位职责。

(2) 施工过程中，地盘管理单位必须严格执行《电业安全工作规程》和指挥部有关安全、消防治安及文明生产等方面的规定。

(3) 建立施工现场文明施工和成品保护制度，做好文明施工和成品保护工作，加强日常检查、巡视，落实责任单位、责任人。

(4) 各施工单位自行保管本单位的设备、施工材料、成品、半成品。

(5) 任何单位均不得改移其他施工单位的成品或半成品（包括已完成油漆的墙面），确需改移、打槽时，应与隶属单位协调解决。

(6) 各单位应及时将当天各自产生的施工废料、垃圾等清运至现场管理（地盘管理）单位指定的施工垃圾堆放场所，确保施工现场干净整洁。

(7) 各施工单位应坚持文明施工，减少施工现场环境污染，保持施工现场整洁，不得在站内吸烟、吐痰、大小便等不文明行为，施工做到"工完、场清"。

(8) 加强高空作业的安全管理，高处作业平台应设置相应的防护栏杆、警示标志、安全网、安全绳等安全设施。

8.4.4 施工现场各个区域实行挂牌标识

实施挂牌施工，施工作业面按要求进行标识，施工现场文明施工标语牌，横幅齐全，气氛浓厚。施工人员佩戴证件，着装规范。

(1) 作业区、材料堆放区、垃圾存放区、已施工完成的管线等应挂牌标识，明确责任单位、责任人。

(2) 各进场施工单位还应在其施工机械、工作服、安全帽等明显位置标明其单位名称。

8.4.5 施工区域易燃易爆危险品存放管理

(1) 易燃易爆物品必须储存在专用仓库、专用场所或专用储存室内，储存方式、方法与数量必须符合国家标准，并有专人管理。不得与其他物资混合储存。

(2) 施工作业现场内严禁存放易燃易爆危险物品，封闭作业环境中，要注意采取有效个体防护措施，防止工人在作业中中毒事件的发生。

(3) 易燃易爆施工材料的存放应由地盘管理单位指定施工区域以外的地方存放，并有相应的防护措施和明显的安全标识。

8.4.6 划定施工现场设备材料运输通道

各专业施工单位应提前对进入车站的设备运输通道进行筹划。按程序提前通知现场管理（地盘管理）单位，在墙体砌筑时给予考虑或预留并按规定时间内完成设备入场。

8.4.7 施工现场应急管理

施工中一旦发生紧急情况及各类事故时，不论原因在哪一方，都应互相协助，及时救助伤员，排除险源，保护事故现场，并由责任方立即向现场管理（地盘管理）单位及有关部门汇报。

8.5 安全文明施工押金及临水临电押金制度

各施工单位（除地盘管理单位外）进入施工现场作业前，须向相应的地盘管理单位缴纳两项押金：安全文明施工押金、临水临电押金。各施工单位进场缴纳押金规定及标准如下：

1. 安全文明施工押金

（1）各施工单位（除地盘管理单位外）进入现场作业前，须与地盘管理单位签订《安全文明施工协议》，并将安全文明施工押金一次性缴纳于地盘管理单位处，由收取押金的地盘管理单位出具收据。

（2）每个系统/专业设备安装合同的安全文明施工押金为2000元/每站。

（3）地盘管理单位有权根据《安全文明施工协议》对违反安全文明施工的施工单位进行处罚。各施工单位收到《罚款通知单》后，在规定时间内不予缴纳的，地盘管理单位有权从该承包商的安全文明施工押金中直接扣除，不足金额限时（3天内）补齐（含既有押金）。如超过3天或拒不补齐的，地盘管理单位有权禁止其进场施工。由此导致的工期延误由责任方负责。

（4）地盘管理单位应对安全文明施工押金设立专门的账户，专人管理。

（5）在工程初步验收后，由收取押金地盘管理单位将安全文明施工押金全额或余额（扣除罚金后）退还给缴纳承包商。

2. 临水临电押金

（1）各施工单位（除地盘管理单位外）进入车站施工前，须与地盘管理单位签订《施工用水（电）协议》，并将临水临电押金一次性缴于地盘管理单位处，由收取押金的地盘管理单位出具收据。

（2）每个系统/专业设备安装合同的临水临电押金为1000元/每站。

（3）在工程初步验收后，由收取押金地盘管理单位将临水临电押金全额或余额（扣除拖欠费用后）退还给缴纳承包商。

8.6 站后地盘移交运营标准

站后地盘移交运营的标准可参考表8-2。

站后轨行区移交运营标准　　　　表8-2

移交接管检查项目	移交接管检查要求
车站施工完成	移交区域土建工程完工并通过工程初验，全面检查各标段剩余尾工，各检修盖板完好、平整
	房间内的防火封堵完成
	各房间内广播、电话网络面板、空调控制面板、消防手报等终端安装完毕

续表

移交接管检查项目	移交接管检查要求
车站施工完成	防静电地板安装牢固，等电位连接满足要求
	墙面刷漆完成，并无刮花现象
	商铺店招、广告灯箱等安装完毕
	玻璃栏杆安装完毕
	消防探头及手报安装调试完毕
	完成挡鼠板安装
	主体结构无破损开裂，主体无结构渗漏
建筑垃圾清理基本完毕	设备房、管理用房、风机房、站台板夹层等垃圾清理完毕
	离壁沟清理完毕
	机具、材料出清
	各房间清扫完毕，静电地板下方的杂物、灰尘清理完毕，线缆孔洞完成封堵
	设备区通道、公共区建渣清运完毕
	各设备房柜内（含设备）灰尘清理完毕
给水排水可投入正常使用，具备基本人员入驻条件	完成水管打压测试
	给水、排水设备使用正常，满足入驻条件
	排水管网与市政连通，能够正常排水
	水泵调试完成、泵房及排水口清理完成并调至自动控制
供电可投入正常使用，具备基本人员入驻条件	车站送正式用电
照明可投入正常使用，具备基本人员入驻条件	照明安装完毕，照度满足要求
疏散指示、应急照明等涉及人员安全疏散的设备设施投用	应急疏散指示、应急照明、工作照明等投用
	设备区疏散通道门禁设置正确，门体为疏散门，开门方向与疏散方向一致，疏散通道门无门槛；人防门门槛平缓
	风道内应急疏散指示灯数量能够满足疏散要求
通风空调系统可投入正常使用，具备基本人员入驻条件	通风空调系统设备调试完成并投用
	有多联机空调系统的，空调设备投用并调试完成
消防等设备设施配置齐全并可投入正常使用，具备基本人员入驻条件	水泵调试完成、泵房及排水口清理完成并调至自动控制
	消防箱内灭火器、水枪头、卷盘数量配置正确，卷盘无卡滞，门体可正常开关，开度满足消防验收规范
无防洪隐患	出入口、应急疏散口、风亭、区间风井等防洪标高达到设计要求或满足实际要求，无防洪隐患
	泵房能正常投用，泵坑无垃圾
	外部进入车站的管道封堵完成
	对于未开通的结合部区域，应注意检查接口部位是否存在防洪、防火隐患
	出入口防洪挡板到位
车站应至少具备两个不同方向到达地面的出入口，卷闸门能正常使用，车站实现封闭	除设备设施投用外，出入口玻璃等安装完毕。应急疏散通道出地面部分整体封闭及疏散门开关完成

续表

移交接管检查项目	移交接管检查要求
车站应至少具备两个不同方向到达地面的出入口，卷闸门能正常使用，车站实现封闭	暂未移交的出入口与接管区域的临时封闭措施到位，并预留进出门便于站务巡查，钥匙交站务
	出入口卷帘门安装调试完成（遥控功能投用），卷帘门链条安装位置正确（内侧），卷帘门需加装地锁
	对于分批移交区域，例如仅接管设备区，原则上要求设备区应实现封闭，设备区应急疏散通道投用。对于已开通的换乘站，应注意临时封闭措施的合理拆除时间
	对于换乘站，接口部位施工完成、封闭完成、无防洪隐患等
专用无线通信	专用无线覆盖基本完成
专用有线通信	车控室、站长室、牵引变电所等关键设备房专用有线系统具备通信功能，专用无线、计算机网络系统投用
UPS	UPS（含电池）投用
广播、PIS、CCTV、时钟	广播、PIS、CCTV、时钟等系统投用
设置位置	设置位置与图纸相符
装修及机电安装基本完成	银行、商铺内通信等终端安装到位，按要求预留网络线、电话线及光纤成端等
	通风、供电等设备安装满足设计及使用要求，按要求预留通风口、配电箱等
无影响安全及行车的重大问题	—
车站房间钥匙及移交清册	所有房间钥匙（包括商铺、出入口卷帘门钥匙），建设及运营自建项目房间的钥匙均由地盘单位统一移交。房间名打印出来提前贴上。钥匙提前一天核对完毕
IBP操作钥匙	机电统一接收，再转交站务
屏蔽门端门、LCB、PSL钥匙	机电统一接收，再转交站务
多线控制盘钥匙	机电统一接收，再转交站务
气灭手自动转换钥匙	机电统一接收，再转交站务
气灭控制盘钥匙	机电统一接收，再转交站务
消防立柜钥匙	机电统一接收，再转交站务
后备广播台钥匙	通号统一接收，再转交站务
房间钥匙、设备操作类钥匙等齐全，并提供移交清册，同步移交至接管单位	门锁能正常开启，门体无损伤。房间布置图与房间标识一致（接管时可先张贴临时标识）
车站平面图	若无竣工图，需打印与现场情况一致的临时竣工图（可白图），盖项目章
FAS布置图及系统图	若无竣工图，需打印与现场情况一致的临时竣工图（可白图），盖项目章
车站消防布置图（体现水阀等位置）	若无竣工图，需打印与现场情况一致的临时竣工图（可白图），盖项目章
设备不可用清单（如有）	不可用清单需写明时效性（10天），不更新自动失效。各维保中心接收审核，再转交使用部门
水消防器材清单	需对照设计及规范进行审核
灭火器清单	需对照设计及规范进行审核，属地部门按照机电中心提供的清单接收

9 轨行区管理

地铁隧道土建施工完成后，进入机电安装阶段，地铁隧道空间狭小，通信不便，生产条件差，各专业施工人员在轨行区内交叉施工，使得施工管理变得困难，安全问题成为一项大的挑战。为保证各专业在轨行区工程有序进行，确保工程质量达到设计要求，需对轨行区范围进行合理管理，确保工期计划顺利进行，最终满足机电安装阶段各专业施工安全、质量及工期要求。轨行区管理确保统一调度、规范管理施工作业及工程运输，科学管理轨行区安全生产，保证各专业安全、有序施工。地铁工程铺轨施工期间，施工单位多、涉及专业广、交叉作业频繁，为解决各施工作业之间相互干扰、相互制约的矛盾，规范施工管理，加快施工进度，保证全线施工作业安全、有序、高效地进行，落实各施工单位安全管理责任，杜绝轨行区等共同作业区安全事故的发生，确保轨行区施工作业安全，特制定相关办法对轨行区进行相应管理。

轨行区管理范围包括：距车站站台边缘0.5m以内的范围、区间两侧距离轨道中心线3.0m范围内，或是任何区间风道、风井、吊装口、联络通道及折返线等。

9.1 轨行区移交措施

9.1.1 轨行区移交程序

在土建工程竣工初验合格后，由土建施工监理牵头组织，业主单位、项目公司、设计单位、土建施工标段、轨道施工监理、轨道施工标段、指挥部等参与组成轨行区移交验收专项机构，统一负责轨行区的现场验收移交工作。轨行区移交流程如图9-1所示。

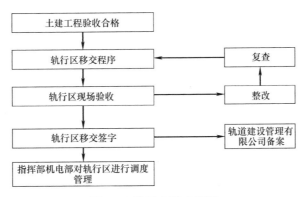

图9-1 轨行去移交流程

9.1.2 轨行区的移交条件

(1) 与轨行区相关的主体工程已全部完成,且人防隔断门框、变形缝处理、车站站台层结构、站台板等完工。

(2) 土建单位完成中线、水平、断面测量并符合调坡调线设计要求,具备向轨道施工单位提供合格测量控制桩与调线调坡设计施工图的条件。

(3) 轨行区移交时,车站轨行区必须达到一级防水要求,区间隧道必须达到二级防水要求。

(4) 土建施工标段已完善轨行区临时排水系统,并负责轨行区临时抽水,直至正式排水系统启用为止。

(5) 建筑垃圾、积水、泥浆、剩余材料、施工机具等已全部清出轨行区,并且隧道底板已冲洗干净。车站、隧道区间左线或右线为轨行区实物移交的最小单元。

(6) 土建施工标段在铺轨工作面到达10天前完成人防门的施工及现场清理工作。

(7) 车站或隧道个别位置超挖或侵限,则土建单位必须在规定的轨行区移交时间之前整改完毕。

9.1.3 轨行区的移交措施

(1) 强化土建标段为轨行区移交责任主体的意识,项目公司提前制定下发《轨行区移交管理办法》,明确轨行区验收移交具体质量标准、程序、责任单位和处罚措施,对于因达不到移交要求而造成轨行区移交延误的,相应责任由土建施工标段承担。

(2) 各车站、区间土建单位在完成轨行区施工后,进行轨行区的贯通测量和断面测量,将测量资料提交测量监理进行复测。测量监理在收到土建施工标段提交的测量资料后进行复测,并将复测的测量资料提交给轨道设计单位作为调线调坡和铺轨综合图的设计依据。

(3) 设计院收到测量资料后,在规定的时间内提供调线调坡资料和综合铺轨图(轨道施工图),并依照图纸发放程序将调线调坡资料发相关施工标段。

(4) 项目公司应督促土建施工标段在收到调线调坡资料后,针对调线调坡报告要求对轨行区超挖或侵限问题进行整改,以甲方批准的轨行区移交时间为整改时限。土建施工标段在规定时间内完成整改并复测合格后,通过土建监理提出移交轨行区申请。由参加移交的各方签字的轨行区移交确认表作为轨行区移交目标考核依据。

(5) 轨行区移交后,由项目公司督促原土建施工标段对车站结构预留孔洞、区间竖井等有可导致地表水灌入轨行区的部位应采取有效的防洪措施,防止地表水灌入轨行区。

土建轨行区移交站后标准可参考表9-1。

土建轨行区移交站后标准 表9-1

移交接管检查项目	移交接管标准
土建结构完成内容	(1) 土建施工单位应完成其移交范围内的施工内容:包括但不限于车站及区间隧道主体结构、站台板、轨顶风道、区间联络通道、预留孔洞封堵、底板预留孔洞及盾构井下沉区域回填,未完成的附属工程不得影响轨道铺设
	(2) 车站及区间隧道完成分部分项工程验收、各专项验收及实体验收,验收存在问题整改完毕
	(3) 场内建筑材料及建筑垃圾清理完成,结构底板及盾构螺栓孔内应清理干净,无淤泥、无浮浆、无积水、无垃圾及杂物等

续表

移交接管检查项目	移交接管标准
土建结构完成内容	（4）在铺轨作业面到达前15天完成区间防隔断门（含防淹密闭门）门框墙施工，并完成场地清理
	（5）停车场：上盖结构已完成，架体已拆除，材料已清理，场内永久道路基本完成。库外碎石道床地段路基回填完成，库内一般整体道床及平过道处道床基础混凝土浇筑完成，库内壁式检查坑道床检查坑坑壁及排水沟施工完成，库内柱式检查坑道床检查坑坑壁及立柱施工完成
土建施工完成产品清单及验收记录（分段实体验收记录复印件）	（1）轨行区场地移交范围满足两站一区间最小调线调坡测量单位
	（2）车站、隧道底板标高严禁超过设计标高，低于设计标高区域，双方对混凝土的亏方问题达成一致
	（3）移交范围内由土施工单位实施的预留、预埋施工符合设计标准，未完成部分需向轨道施工单位明确具体位置
	（4）主体结构无明显渗漏现象，其中车站达到一级防水要求，区间隧道达到二级防水要求
	（5）盾构隧道滞后沉降满足轨道铺设要求
	（6）停车场：库外碎石道床地段路基压实度及平纵断面尺寸符合设计要求，库内整体道床地段基础混凝土平纵断面尺寸、预留预埋数量、尺寸及位置符合设计要求
临水、临电接口	临水、临电接口移交由双方协商完成，并签订移交协议
预留下料口	预留下料口移交由双方协商完成，并签订移交协议，明确封堵责任方
铺轨基地影响范围内临时设施	（1）轨排井或下料口临边防护移交由双方协商完成，并签订移交协议
	（2）铺轨基地影响范围内道路移交、施工围挡移交、临时照明移交、抽排水设施移交由双方协商完成，并签订移交协议
测量控制点及复测资料	移交范围内导线点和水准点完好、无破损、标志清晰无误，断面复测及贯通测量由土建施工单位实施并上报
土建未完工程施工计划	土建未完工程施工计划已编制完成，经建设指挥部确认后发送轨道施工单位
施工安全协议	移交后，土建施工单位如进入轨行区地盘管理范围施工，需联合建设指挥部及轨道施工单位签订三方协议
防汛重点说明文件及物资	断头管封堵、周边水系等情况说明及图片文件已交接站后轨道施工单位；防汛物资、设施、设备等移交由双方协商完成，并签订移交协议
后期路面恢复工程（铺轨基地占用部分）	后期路面恢复协议（铺轨基地占用部分）交接双方已协商签订

9.2 轨行区管理组织机构

设立成都轨道交通6号线三期工程轨行区现场指挥协调小组，负责6号线三期轨行区的施工总体协调及管理工作。

现场指挥协调小组由中建成都轨道交通建设指挥部（以下简称指挥部）牵头组织轨道监理单位、轨道施工单位及相关部门组成，设组长和组员，其办公地点设在中建指挥部，小组成员名单及电话将另文公布。

成都轨道交通6号线三期铺轨施工单位为轨行区总负责管理单位，并联合其他需进入轨行区作业的施工单位组建联合调度室。联合调度室组员包括6号线三期接触网、信号等现场施工负责人。联合调度室的日常管理工作由铺轨施工单位的具体负责。

联合调度室主任由铺轨施工单位项目经理担任，主任主持轨行区日常管理工作（负责联合调度室的具体事务和统筹协调工作）；副主任由铺轨施工单位分管现场生产的副经理担任，主任不在时由副主任主持工作；联合调度室的调度员由铺轨施工单位行车总调度和各铺轨基地（含车辆段）的行车调度员组成，负责管段内轨行区作业计划的统筹管理。

其他需进入轨行区作业的施工单位（以下简称"其他专业单位"）是轨行区协助管理单位，配合轨行区总负责单位履行轨行区日常管理职责。

其他专业单位现场施工负责人负责各自轨行区作业的具体事务和协调工作。其他专业单位各自设立调度室，安排专人与联合调度室负责对接和协调工作。

联合调度室组建完毕，并经轨行区现场指挥协调小组审核同意后，由铺轨标段项目工程师报指挥部备案。

轨行区安全管理总负责单位为铺轨单位，为确保轨行区施工作业安全，总负责单位应成立不少于3人的日常巡查小组，负责现场安全文明施工的日常检查和轨行区计划执行情况的监督工作。轨行区组织机构如图9-2所示。

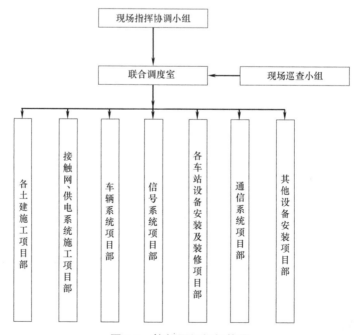

图9-2 轨行区组织机构图

9.3 各单位管理职责

9.3.1 现场指挥协调小组职责

（1）负责轨行区总体管理、协调工作。
（2）负责审核、批准联合调度室工作制度，岗位责任制及调度指挥总体工作方案。
（3）负责主持召开每周的施工计划协调会，审核、批准轨行区各单位施工计划工作。
（4）负责处理违反轨行区施工计划和安全、文明施工的行为。

9.3.2 联合调度室职责

（1）负责轨行区施工与运输的具体管理和调度指挥工作；统筹规划全线施工管理，受理各施工单位提出的轨行区施工计划的申请，依据批准的计划实施调度指挥。
（2）负责制定联合调度室工作制度、岗位责任制及调度指挥总体工作方案；根据协调小组的要求配备相应的管理人员保证轨行区管理的安全、有序进行。
（3）督促进入轨行区施工的相关单位，在施工前与轨行区总负责单位签订安全协议，并督促其将签订好的协议报相关监理单位和建设分公司相关项管部审核备案。
（4）负责轨行区施工与运输计划的收集、汇总、初审、变更、报审、发布、检查；负责受理、初审及报批进入轨行区作业的各施工单位提交的临时变更的施工计划。对相互影响的交叉作业施工进行协调，最大限度地满足各施工单位的正常施工。
（5）负责施工计划执行过程中的施工前登记、施工后注销（即"请销点"）工作。
（6）负责轨行区违反施工计划或其他违章事件的调查、上报；参与协调小组解决轨行区施工与运输计划执行过程中出现的各类问题。

9.3.3 现场巡查小组职责

（1）负责轨行区范围内施工与运输计划执行情况和安全防护工作的监督检查。
（2）负责检查轨行区是否存在影响行车的施工遗弃物（如施工机具、材料和垃圾等），发现后报告联合调度室，通知责任单位及时进行清理。
（3）负责核查其他专业施工单位作业结束后是否对该区段成品造成损坏，发现后通知责任单位及时处理，并报告联合调度室。

9.3.4 其他各专业单位职责

（1）进入轨行区作业前与轨行区总负责单位签订安全协议。
（2）配备有经验人员参与轨行区调度管理，各自设置调度室与联合调度室保持联系。
（3）根据施工需求，在规定时限内提出施工与运输计划，报联合调度室汇总。
（4）按照批准的轨行区施工与运输计划，在规定的时间和空间范围内进行作业，未经批准不得擅自闯入轨行区作业。作业前到联合调度室登记、作业结束到联合调度室注销。
（5）进入轨行区作业前制定安全措施，报相关监理单位和指挥部审核备案，并对相关作业人员进行安全交底，落实相应的安全防护措施。

9.3.5 其他标段监理单位职责

(1) 审核管辖范围内施工单位提出的施工与运输计划。
(2) 督促管辖范围内施工单位与轨行区总负责单位签订安全协议。
(3) 监督管辖范围内施工单位在规定的时间和空间范围内进行作业。
(4) 监督管辖范围内施工单位轨行区作业安全防护措施落实情况。
(5) 协助参与违反施工计划或其他违章事件的调查。

9.3.6 铺轨标段监理单位职责

(1) 督促和检查联合调度室轨行区施工与运输计划的收集、汇总工作。
(2) 监督和检查轨行区范围内施工与运输计划执行情况及安全生产、文明施工情况。参与调查和处理违反计划行为和违章、违规行为。

9.4 作业人员进场要求

根据现场实际,以轨行区管理方调度室行车调度为主,安排轨行区使用计划,管理流程如图9-3所示。

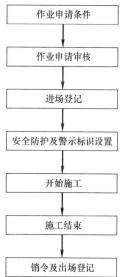

图9-3 轨行区管理流程图

轨行区施工与运输计划实行周施工计划审批和公告制度。

(1) 计划申报:各施工单位应根据各自施工需求及封锁性质,将本单位下周一至下周日的施工计划经本标段监理工程师、BT单位工程师审核无误后,于周三(14:00前)申报至联合调度室(包括书面材料和电子版)。

(2) 计划初审:联合调度室收到各施工单位申报计划后,进行汇总和初审(周四12:00前完成)。并将结果提交铺轨监理单位、指挥部审查。

(3) 计划会审:周四14:00由现场指挥协调小组组织召开施工与运输计划协调会,会议对上周轨行区计划执行情况进行评价,并商定下周施工与运输计划。

(4) 计划发布:经会议审定的轨行区施工与运输计划由现场指挥协调小组组长签发后,由联合调度室统一发布公告,各施工单位按照批准的计划实施。

轨行区施工与运输计划一经批准和发布,原则上不得调整。若有紧急情况必须调整的,应提前一天(24小时)申报联合调度室审核,并经铺轨标段项目工程师批准后方可作业。

轨行区每日施工与运输作业实行"请销点"制度。

(1) 请点:各施工单位应依据经批准的施工与运输计划,在规定的时间和空间内进行施工。在进入轨行区施工前,提前一天(16:00前)向联合调度室申报次日施工计划(包括作业范围、时间、内容、防护办法、安全措施等内容),办理请点登记。

(2) 销点:各施工单位凭联合调度室下发的"施工作业指令单"于次日实施轨行区作

业。施工结束后，到联合调度室办理销点登记。撤出区间施工的人数和施工机具，必须与进入区间的人数和施工机具相同。如有出入，必须注明存留物品的原因、数量，且存留物品严禁侵限。

联合调度室办公地点设在指挥部驻地，要进入轨行区作业的施工单位需要在调度室进行清点和销点登记。

9.5 轨行区施工调度管理

9.5.1 施工管理

各单位进入轨行区施工前，施工方案和安全措施必须经过监理、指挥部、业主单位相关项管部审批，施工作业人员经过安全教育培训，考试合格后，方可进场施工。

所有参建单位进场施工时，必须严格遵守业主单位和指挥部制定的各项管理制度。

（1）各施工单位必须严格执行指挥部各项管理制度，不得超时超范围和无计划施工，遵守"谁施工，谁负责安全管理、场地清理和成品保护"的原则，做到进、退场有序，如果未经批准擅自进入区间施工、场地清理不及时、延时施工、影响行车安全等情况时，轨行区管理单位有权终止该单位后续的施工计划直至其整改完毕，并要承担相应责任。联合调度室和各施工单位要做好相关施工记录，建立健全各项台账。

（2）凡是进入轨行区施工的都要进行防护，防护工作要坚持"谁防护、谁撤除"的原则，防护一旦设置，其他人员不得擅自挪移、更改防护装置；防护员须经过专业培训、持证上岗、专职防护，进入轨行区施工的单位要做好本单位及其他单位的成品、半成品的保护，如果损坏则按照"谁损坏谁赔付"的原则进行处理，对拒不赔付或分歧较大的，由现场指挥协调小组裁定。

（3）指挥部制定轨行区安全管理办法，组织对施工单位调度室及各标段项目经理部主要管理人员进行系统培训；各单位负责对进入轨行区作业人员进行系统交底和培训；轨行区中心调度室安排专职人员每天组织专职安全人员对全线轨行区进行日常巡查；指挥部不定期（至少每半个月一次）对全线轨行区进行系统排查。

（4）应急预案是施工安全生产的重要组成部分，各施工单位应在施工前，针对轨行区施工过程中可能出现的机械、行车、火灾等重大安全事故，制定防范措施和应急处理预案，保证第一时间开展救援工作，尽早开通线路，恢复正常施工生产。

轨行区原则上不允许存放材料、机具、设备等；施工中确实需要的材料、机具、设备等应在不影响行车安全的前提下，经联合调度室同意后可以堆放在车站内，区间禁止堆放。材料进场后应分类堆码整齐并制定相应的管理及安全措施，现场必须设置隔离围护及警示标识，并安排专人24小时不间断看护。

9.5.2 临时设施管理

1. 轨行区照明

轨行区照明由轨行区总负责单位负责管理和维护。具体要求如下：

（1）用电作业人员必须持证上岗。

(2) 照明灯具和器材必须绝缘良好，并应符合现行国家有关标准的规定。

(3) 照明线路应布线整齐，相对固定。安装的固定式照明灯具悬挂高度不得低于2.5m，室外安装的照明灯具不得低于3m。安装在露天工作场所的照明灯具应选用防水型灯头。

(4) 照明开关应控制相线。当采用螺口灯头时，相线应接在中心触头上。

(5) 照明灯具与易燃物之间，应保持一定的安全距离，普通灯具不宜小于300mm；高热灯具不宜小于500mm，且不得直接照射易燃物。当间距不够时，应采取隔热措施。

2. 轨行区临时排水

轨行区临时排水由土建施工标段负责抽排，至隧道正式排水系统启用为止，确保轨行区施工用水、隧道渗漏水、地表水经由车站预留孔洞、出入口和风亭等进入轨行区的积水得以及时排出，有效保护轨行区设备安全。

9.5.3 运输管理

严格执行甲方有关轨行区轨道运输行车的各项规定和规章制度。有自轮运转设备的单位成立运输管理组织，由主管生产副经理负责，设运输专业作业队或班组作业。

(1) 行车计划由中心调度室下达，进入轨行区运输的凭证为轨行区中心调度室签发的施工作业令或行车调度命令，一切现场行车作业听从铺轨基地值班室行车调度员的指挥。所有工程列车只能够在开通线路上运行（铺轨作业除外），确需进入封闭线路施工或卸料时，由中心调度室发布准许进入封闭区间的调度命令后方可进入。由于工程运输期间没有连锁与闭塞设备，闭塞方式执行甲方轨行区行车作业办法。

(2) 对货运组织工作设有专职货运员，路料装车及加固，严格执行货物运输规程、货物装载加固的有关规定。轨道列车运输过程中，平板车上的货物两侧不得超出车体，高度不得超出地铁车辆限界尺寸，不得超载、偏载、集载，装载、加固必须有方案且符合行车要求。列车运行到指定地点停车后做好防溜措施，并向现场负责人交代注意事项。

(3) 列车运行中避免使用紧急制动，停车时检查装载情况，发现异常及时报告行车调度，轨道车组运行及装卸对位时，按调车办理。

(4) 轨行区段任何施工作业单位都应强化限界安全意识，并进行专项的限界安全培训，各单位自轮运转设备必须符合地铁限界要求，且在上线运行前必须经过轨道项目部限界复核，靠近线路堆放设备材料、机具，应堆放稳固，不得侵入建筑限界。

轨行区原则上禁止使用手推小平车等轻型车辆，如因施工需要必须使用时，施工单位必须制定相关的安全保证措施，报联合调度室批准，同时必须遵守以下规定：

(1) 手推小平车必须满足安全使用条件，防溜制动装置性能良好，施工负责人必须跟随车辆现场指挥。

(2) 使用手推平车等必须派专人在两端防护，防护距离100m。

(3) 手推平车使用完毕后不得停放在线路上。

(4) 手推平车在使用过程中必须配备足够的随车人员，以保证小平车随时能够撤出线路。

9.5.4 安全防护设施及消防设施管理

各单位必须遵守施工现场"谁作业、谁防护"的原则，进入轨行区施工作业应按批准的施工方案进行，施工现场必须按要求设置隔离围护、警示标志及消防器材，必要时安排专人看守。进入轨行区施工，必须安排专人负责防护工作，防护人员需穿反光背心，切实做好各项防护措施。具体要求如下：

（1）负责人应派专职防护员在施工区域的两侧100m以外处各设置红色闪光灯作为停车防护信号，平直线路红闪灯应设置于线路两钢轨之间，曲线红闪灯设置于外轨内侧。工点负责人确认防护员已设好停车防护后，才能发出施工许可。

（2）所有在轨行区内工作的人员必须戴安全帽，穿醒目的衣服或荧光衣。在地面的轨道上工作时，施工单位安全防护员必须拿信号旗；在隧道内工作时，施工单位安全防护员必须拿信号灯站在来车方向的红闪灯设置处进行防护。

（3）在未得到轨行区调度室的允许下，不得在轨行区搭设脚手架。

（4）工点负责人如发现施工地点有妨碍行车安全的异常情况时，除采取紧急措施消除故障外，应立即显示停车信号并通知轨行区调度室。

消防设施管理具体要求如下：

（1）各单位部门对消防器材设施应落实专人负责，并按照"三定、一好、一不准"（三定：定点设置、定人、定措施；一好：保持完整好用；一不准：不准移作他用）要求，做好消防器材管理。

（2）必须保证消防器材设施前道路通畅，做到取用方便。

（3）不得随意损坏或随意挪用消防器材，不准圈点、埋压消防设施和中断消防水源。

（4）如需拆除、迁移、挪动等变动时，必须经过消防部门同意或者主管领导批准。

（5）对擅自动用或毁坏消防器材设施者，视情节按消防规章制度处罚外，情节严重者根据《中华人民共和国治安管理处罚条例》处理。

（6）违反消防器材管理制度，造成火灾事故的责任者，视情节轻重，按照消防安全规定予以严肃查处，直至追究刑事责任。

9.5.5 道岔管理

（1）拥有工程车、梯车、平板车的施工单位须各自配备扳道员，并随车进行道岔的扳道工作。

（2）每次作业完成后扳道员须将道岔恢复至原位，销点时报请联合调度室加以确认。

（3）扳道员在地面指挥时，手执黄、红两色信号旗；在隧道内，手持信号灯向司机及调车人员显示标准的道岔开通和锁闭信号；严格执行"一看、二扳、三确认、四显示"制度。

（4）装有手动装置的道岔必须加挂锁匙，并安装道岔表示板。

（5）集中控制的道岔，单操后要进行锁闭操作，并将道岔加装钩锁器，接到作业完成的通知后，进行解锁操作。

（6）已安装转辙机的道岔，由信号专业负责配合。

9.6 站后轨行区移交运营标准

站后轨行区移交运营的标准可参考表9-2。

站后轨行区移交运营标准　　　　表 9-2

移交接管检查项目	移交接管标准
轨行区施工基本完成	轨行区实体施工完成
	疏散平台、广告灯箱、照明、疏散标志、联络通道门、通信、信号、给水排水、综合监控等施工完成
	需运营人员入驻的车站车控室、站长室、通信、信号机房完成装修施工
	轨行区各类行车标志完成安装
	过轨线缆防护措施到位
轨行区堵漏处理及拱顶异物处理	接触网1m范围内无渗漏
	轨顶风道浮浆清理及拱顶异物清理完毕
所有车站关键设备房（通信、信号等）重要房间基本完成机电安装及装修施工	装修及机电安装基本完成
	房间内无影响设备安全运行的重点隐患，如机柜上方渗漏水
轨行区垃圾清理完毕	轨行区垃圾、工器具等清理完毕
	轨顶风道内垃圾清理完毕，隧道内异物清理完毕（如接触网附件铁丝等）
	泵坑清掏及排水沟清理完毕
完成隧道冲洗	冲洗后的泥浆清理完毕，保证区间水泵正常使用
	排水沟无局部积水或排水不畅等现象
完成轨行区封闭	车站站台及设备区通往轨行区的所有通道、区间风井等任何可通往轨行区的门或通道、孔洞等完成有效封闭
	路基段围墙实现封闭，满足安保要求
	停车场轨行区与非生产区域隔离围栏实现封闭，高度满足相关要求
	站台门安装完毕，形成封闭，端门开闭灵活，屏蔽门端头贴好上下行及方向指示，比如"→上行龙灯山站方向"
	封闭方向要面向轨行区方向进行有效封闭
区间临时隔断门安装到位	检查临时隔断门的封闭情况是否满足要求
首尾站、连锁站、有岔站站长室、车控室、设备区卫生间满足人员入驻条件	首尾站、连锁站、有岔站站长室、车控室、信号设备房满足照明、通风、无线800M通信，至少通风空调系统（小系统）投用
	站长室、车控室满足公务电话、行调电话、OA网络投用
	设备区卫生间满足上下水使用、装修完毕
	至少一个出入口投入使用
完成限界整改，满足限界要求	限界检查，完成限界整改，满足限界要求
	注意控制箱、光纤熔接盒等固定牢靠
	广告灯箱可靠关闭，贴膜牢固等
所有车站站台临时有线电话投用	上下行头端各安装一部电话
轨行区800M无线投用情况	具备基本通信功能
	要注意是否有没有送正式电区域，如未送正式用电，要求通信UPS必须投用

续表

移交接管检查项目	移交接管标准
轨行区临时调度所通信功能完善	临调所确认功能完善，满足使用要求
完成冷、热滑，并满足动车调试及空载要求	需完成合同要求的高速热滑
	道岔区完成工电联调，不影响过岔速度及联调效率
轨行区供水、排污、供电、照明、通风等设备可投入使用	区间泵房水泵处于"自动控制"位，能够正常排水；泵坑内无垃圾，进水口、水箅子无堵塞
	区间正式照明及疏散指示全部投用
	隧道风机、轴流风机完成调试具备投用条件
	端门外范围内风管保温层完成加固
区间消防设备设施投用并配置到位	区间消防水管无漏水。接管前需保证消防水阀门处于关闭状态
	消火栓箱内灭火器、水枪头、卷盘数量配置正确，卷盘无卡滞
人防门、防淹门安装满足行车安全要求	安装调试完毕，门体可靠固定，不影响行车安全
屏蔽门专业安全要求	满足与信号接口调试条件
	屏蔽门专业完成所有站点端门封闭、后盖板安装、门槛下部缝隙封堵、端门外绝缘区地砖铺贴及屏蔽门下部支座灌浆。端门调整保证开关正常。完成5000次测试
无影响行车的其他重大问题	A类问题销项完毕
冷滑报告	满足要求
热滑报告	满足要求
轨道绝缘测试报告	满足要求
限界检查及整改报告	满足要求
线路限速设计说明及限速报告	需完成工电联调，限速报告应完成满足设计要求，不存在额外限制。存在既有线和新线连接的部位仍安装临时门的，应注明通过临时门限速要求
轨行区封闭情况自查报告	说明封闭完成情况，最终结论要有："除站台门端门外，无其他可进入轨行区的通道或孔洞等，接管区域已完成封闭"
区间土建、轨道、接触网、人防门、防淹门等工程实体质量验收纪要	若无法在移交接管前出具实体验收纪要，需出具移交单位及监理单位签字确认的"严格按照相关标准、规范、施工工艺及施工图施工，不影响轨行区行车安全，自检合格，满足使用功能，具备轨行区移交接管条件"的承诺函或质量评估报告
轨道、接触网临时竣工图	需盖项目部章
区间消防控制阀布置图	需盖项目部章
消防水管试压报告	需盖项目部章
屏蔽门钥匙	提前5天移交屏蔽门，机电转交站务、乘务、保卫部等使用部门

10 调试管理

设备调试、接口调试及综合联调是城市轨道交通工程建设阶段中的一个重要环节，合理组织城市轨道交通设备调试，在有限的时间和空间内综合利用线路条件、加强协调管理，完成全线各专业设备系统间的联合调试，以检验城市轨道交通系统达到的运行能力，是下一阶段开展试运行的基础，也是城市轨道交通工程项目能否获准载客试运营的关键。

10.1 调试工作范围

城市轨道交通系统安装完成后，需经过单机单系统调试、接口调试、全功能测试及综合联调阶段，各阶段主要任务如下：

1. 单机调试

单机调试是指设备在未安装时或安装工作结束而未与系统连接时，为确认其是否符合产品出厂标准和满足实际使用条件而进行的单机运行或单体调试工作。单机调试，往往停留在设备本体层面，主要为测试单个设备是否合格，是否满足出厂的标准和条件而进行。

2. 单系统调试

单系统调试是指单系统设备安装完成后，为确认单个系统是否符合设计功能和满足实际使用条件而进行的单系统运转或单系统调试工作。单系统调试可以理解为系统内部的调试，不与合同范围外的接口系统发生关联。

3. 接口调试

接口调试是指单系统调试完成后，为达到系统设计功能要求而开展的系统与系统间的测试工作。

4. 全功能调试

主要是对车站各设备进行联调联试，验证车站各机电设备及系统的安全性及可靠性是否满足设计功能。

5. 综合联调

综合联调是从满足运营开通使用的角度，完整、细致地测试各系统在正常及故障等情况下，采用试验或者检测等方式对城市轨道交通两个及两个以上多专业系统间的工作状态、功能和系统间接口功能匹配关系进行综合测试，是开展试运行、试运营综合演练的基础，也是城市轨道交通工程能否获准载客试运营的关键环节之一。

各联调层次如图10-1所示。

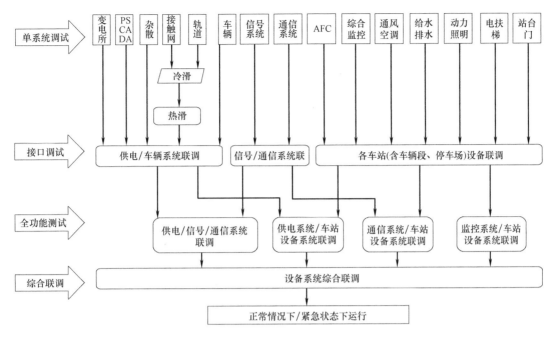

图10-1 联调层次图

10.2 调试管理组织形式

为按期、高效、安全、有序地完成地铁机电工程的调试任务，实现系统功能，通过消防验收和试运营专家条件评审，应由建设单位、建设指挥部等组成调试项目核心团队，成立调试机构，组织完成投融资建设地铁项目单机单系统调试、接口调试及全功能测试工作。建设指挥部按"机电管理部牵头、安监部/设计部配合，相关部门参与"的分工原则组织并成立调试小组实施调试工作；各施工标段及系统设备安装承包商负责具体实施；各设备供应商配合、指导。业主公司组建调试现场工作组并设置监督组，负责调试管理指挥，监督组下设见证组，由监理单位组成，负责调试过程中的旁站见证，见证组由地铁公司监督组监督。

调试工作各工作组职能如下：

1. 调试组

负责项目单机单系统调试、接口调试及全功能测试全过程的实施管理工作。

2. 监督组

监察单机单系统调试、接口调试及全功能测试工作质量、进度、安全。

3. 见证组

（1）审核单机单系统调试、接口调试及全功能测试方案。

（2）审核单机单系统调试、接口调试及全功能测试等结果报告。

（3）督促各小组完成负责范围内的调试工作。

（4）督促、检查调试过程中出现的问题整改。

（5）检查项目单机单系统调试、接口调试及全功能测试实施过程。

4. 设计资料组

（1）负责参与单机单系统调试、接口调试及全功能测试方案的审查。

（2）参加单机单系统调试、接口调试及全功能测试工作，确认功能达到设计要求。

（3）协助各小组解决调试过程中出现的技术及接口问题。

（4）收集、整理单机单系统调试、接口调试及全功能测试资料。

5. 配合组

（1）监督土建单位在调试过程中的配合情况。

（2）负责监督和参与调试过程中土建问题协调和整改。

（3）配合完成第三方消防检测工作。

（4）督促各标段完成运营问题库消缺工作。

6. 调度协调组

（1）组织各标段完成《安全管理协议书》的签订。

（2）主管调试期间的调度计划。

（3）调试过程中奖罚台账的建立以及奖罚制度的执行。

7. 机电调试组

（1）负责单机单系统调试、接口调试及全功能测试总体方案的编制和落实。

（2）审查和验证各施工承包商单机单系统调试的前置条件及调试计划，并按经审批的计划现场监督调试；在调试过程中做好测试记录，如有内部无法协调解决的问题及时上报工程调试组协调解决。

（3）审查和验证综合监控系统供货商的接口调试、全功能调试及换乘站调试前置条件及进度计划，制定计划并按经审批的计划监督调试。

（4）把控调试进度，建立调试问题台账，督促各供货商及施工单位对调试过程中出现的问题进行整改。

（5）负责调试管理办法执行及实施细则的编制，收集调试中所形成的记录文档，包括调试记录、问题汇总，及时通报调试进度及各小组调试中出现的问题。

（6）主管调试期间的机电调试工作。

8. 后勤安保组

（1）负责整个调试期间后勤事务工作。

（2）负责对现场人员安全及设备安全进行巡检。

10.3 领导小组组织机构

为加强对城市轨道交通工程调试的组织领导，建设指挥部成立调试工作领导小组，调试组织机构如图10-2所示。

总承包调试组具体人员组成：

（1）组长：建设指挥部主管领导。

（2）常务副组长：建设指挥部分管机电领导（负责站后工程总体管理）。

（3）副组长：建设指挥部其余领导。

（4）组员：各部门负责人。

总承包调试组下属各组织机构可根据建设线路及公司实际情况自行调整设立。

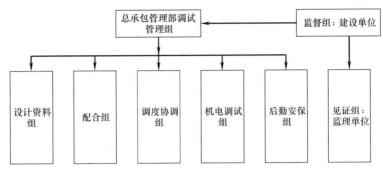

图 10-2　调试组织机构

10.4　领导小组分工及职责

（1）组长：总体负责组织公司各部门、各施工单位进行全线调试工作。

（2）常务副组长：根据调试总体进度，统筹安排调试过程中实施各单位的协调及突发事件的处理，落实建设指挥部制度的执行及督促完成全线实体施工中影响调试要求的施工进度；负责现场调试组的总体协调管理。

（3）设计技术副组长：主要负责在调试过程中现场设计问题的处理及设计方案解决的审核；协调管理调试过程中设计协调小组的工作。

（4）运营协调副组长：主要负责在调试过程中运营单位的配合协调工作；协调管理调试过程中技术小组的工作。

（5）安保后勤副组长：主要负责在调试过程中各单位的安全管理及后勤保证工作，督促调试消缺整改按时完成，协调管理调试过程中后勤安保小组的工作。

调试领导小组组织机构如图10-3所示。

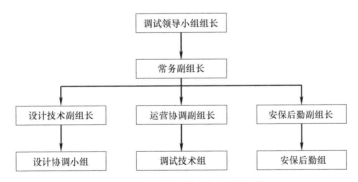

图 10-3　调试领导小组组织机构

10.5　各单位职责

10.5.1　建设指挥部职责

（1）全面负责工程的总体调试组织、协调工作。

（2）负责审核各单位上报的调试方案、调试计划，管理督促各单位按照调试计划和方案开展调试工作。

（3）组织召开调试例会或专题会，协调解决调试过程中存在的问题，督促各施工单位整改调试发现的技术问题。

10.5.2 机电安装与装修标段职责

（1）负责所调常规机电专业单体设备的安装，确保单体设备的接地、电源连接正确、接管正确，并且点动正确。

（2）负责调试方案、计划的编制和实施工作。

（3）负责调试现场的照明（手电）、排水、空调、供电、临时通信等保障工作；负责保障调试现场秩序，调试人员所需要的准入手续；负责保障调试后的场地恢复，包括保证场地清洁卫生，成品恢复。

（4）负责所属车站系统调试的组织实施工作等。

（5）负责所属标段设备资料、调试资料的整理、上报、归档等基础管理工作。

10.5.3 系统设备安装承包商职责

（1）负责各系统范围内所调单体设备的安装，确保单体设备的接地、电源连接正确、接管正确，并且点动正确。

（2）负责调试方案、计划的编制和实施工作。

（3）配合车站系统调试、联调联试及设备运行包保工作。

（4）负责设备资料、调试资料的整理、上报、归档等基础管理工作。

10.5.4 设备供应商职责

（1）负责所供设备的制造，督导标段进行设备安装、调试及运营包保；配合标段进行调试方案、计划的编制和实施。

（2）负责所供设备的性能达到设计的技术要求和功能。

（3）负责处理调试中设备出现的故障和紧急状态；负责设备调试至试运营全过程的设备包保工作；负责设备质保期的设备缺陷处理。

（4）配合完成调试计划和按时参加调试工作会议。

（5）负责设备资料、调试资料的整理、上报、归档等基础管理工作。

10.6 调试工作内容

10.6.1 调试工作思路

调试思路的梳理是形成联调内容的基础，依据城市轨道交通调试实施要求以及以往线路调试经验，将调试工作梳理划分为调试准备、单机单系统调试、接口调试、全功能测试阶段。各阶段主要任务是为下阶段的调试任务创造条件。

调试准备阶段首先应明确验收计划时间节点，建立调试组织与调试机制，并抓紧收集设备及接口相关资料，对资料进行消化吸收，在掌握相关资料的前提下梳理工作程序，建立详细的调试计划。

单机单系统调试阶段包括供电系统、动力与照明系统、通风空调系统、给水排水及消防系统、防淹门系统、人防区间隔断门系统、站台门系统、站内客运系统、专用通信系统、公安通信系统、综合监控系统、火灾自动报警系统、环境与设备监控系统、门禁系统的调试工作。单机单系统调试由各系统设备供货商及施工单位自行组织完成，调试项目部负责对单机单系统完成情况的检查、进度风险的预告及不按期完成的处罚。

接口调试阶段主要包含项目接口调试主要以综合监控系统为主导，包括项目范围内所有机电系统与综合监控系统之间的硬线、通信接口。接口调试由综合监控系统供货商负责完成，调试项目部负责组织对接口调试完成情况的检查、进度风险的预告、不按期完成的处罚及双方接口调试出现纠纷责任的判定。

全功能测试阶段为综合监控系统与各系统间的功能性能调试工作，包括系统监控、监测全功能测试。全功能调试由综合监控系统供货商负责完成，调试项目部负责组织、协调、监督、见证，保障调试工作进度和质量。对调试过程中出现的问题，针对责任方依据调试管理办法进行处置。

调试思路如图10-4所示。

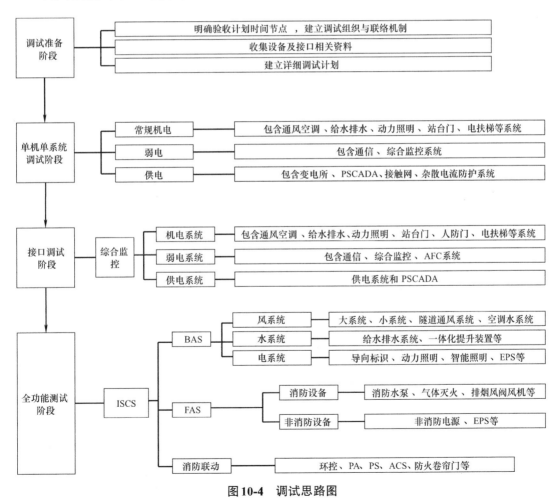

图10-4 调试思路图

10.6.2 调试工作流程

调试流程详见如图10-5所示。

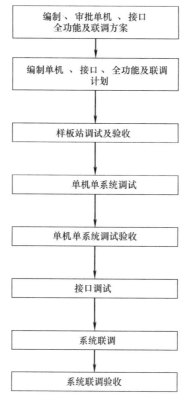

图10-5 调试流程图

10.6.3 单机单系统调试

1. 单机单系统调试目的

单机单系统调试是各系统完成设备安装后由施工单位组织进行的,以系统就地功能调试及测试为主的、使相关设备及系统可以进行正常运转的调试工作。单机单系统调试工作的主要目的如下:

(1) 使相关设备系统能达到正常运行状态。
(2) 检查个机电设备系统功能、性能是否达到设计要求。
(3) 发现设备系统安装期间的缺陷,并加以修正。
(4) 检验各系统带负荷运行情况。
(5) 验证用户需求书、维修手册及其他相关资料的完整性和可操作性。
(6) 形成完整的单机单系统调试报告。

2. 单机单系统调试流程

单机单系统调试流程如图10-6所示。

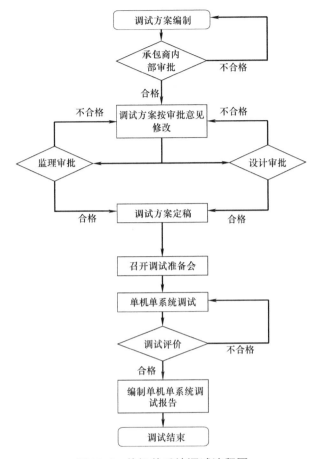

图 10-6 单机单系统调试流程图

10.6.4 接口调试

接口调试项目包括地铁工程各系统中所有机电设备系统相互之间及系统内部的硬线、通信接口。地铁线路接口示例:

ISCS 为主导的接口调试项目:ISCS 与 CCTV、PA、PIS、AFC、PSD、FDTS、FPS、EMS、FG、FAS、BAS、ACS、SIG、PSCADA、RAD、CLK、ALM,共计 17 个接口调试项目。

FAS 为主导的接口调试项目:FAS 与通风系统、动力照明系统、气体灭火系统、给水排水系统、消防电梯系统、售检票系统、BAS 系统、门禁系统、防火卷帘、TFDS、电气火灾系统、消防电源监控系统,共计 12 个接口调试项目。

BAS 为主导的接口调试项目:BAS 与通风系统、空调水系统、给水排水系统、电梯系统、自动扶梯系统、动照系统、导向系统、EPS、人防门、瓦斯系统、防盗卷帘、区间电动蝶阀、一体化密闭污水泵,共计 13 个接口调试项目。

电力监控主导的接口调试项目:PSCADA 与 35kV 开关柜、PSCADA 与 400V 开关柜、PSCADA 与 1500V 开关柜、PSCADA 与交直流屏、PSCADA 与轨电位、PSCADA 与整流器、PSCADA 与配电变温控器、PSCADA 与整流变温控器、PSCADA 与排流柜及单向导通装置、PSCADA与再生制动装置、PSCADA与再生制动装置回馈变压器温控器、PSCADA与场段隔离开关接口，共计12个接口项目。

通信为主导的接口调试项目：传输与杂散电流、传输与AFC系统、PIS与车辆接口、时钟与门禁接口、时钟与信号接口、无线与车辆接口，共计6个接口调试项目。

车辆为主导的接口调试项目：低压能馈装置与车辆、中压能馈装置与车辆，共计2个接口调试项目。

1. 接口调试的目的

（1）检验系统间接口和通信协议的一致性。

（2）检验接口间联动关系是否同步。

（3）检验接口功能是否满足设计要求。

（4）检验接口可靠性、实时性、可维护性等性能指标是否满足设计要求。

（5）检验系统的完整性。

（6）检验系统软件与接口设备的一致性。

2. 接口间关系

不同专业间接口关系详见表10-1。

接口间关系表　　　　　　　　　　　　　　　　表10-1

主专业配合专业	供电	通信传输	无线通信	乘客信息	时钟	综合监控	火灾自动报警	环境与设备监控
供电						●		
动力照明							●	●
通风及防排烟							●	●
空调								●
给水排水							●	●
气体灭火							●	
防淹门						●		
人防门								
站台门		●				●		
电梯							●	●
自动扶梯							●	●
通信传输								
电话								
视频监控						●		
广播						●		
乘客信息						●		
通信电源						●		
综合监控		●						
火灾自动报警						●		●
环境与设备监控						●	●	
门禁		●			●	●	●	
电气火灾						●		
消防电源						●		
能源管理						●		

续表

主专业配合专业	供电	通信传输	无线通信	乘客信息	时钟	综合监控	火灾自动报警	环境与设备监控
导向标示								●
自动售检票		●				●	●	
车辆	●		●	●				

3. 接口调试流程

接口调试流程详见如图10-7所示。

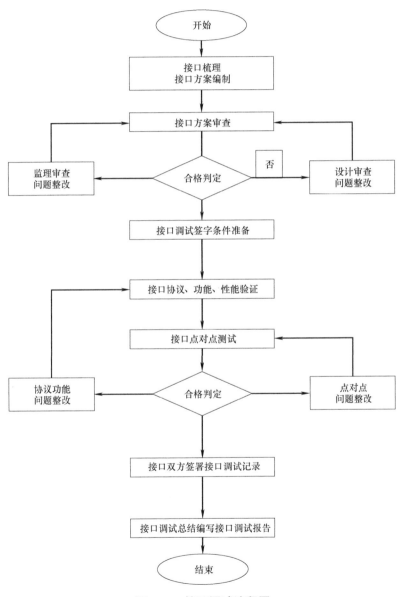

图10-7 接口调试流程图

10.6.5 全功能测试

全功能测试是以综合监控为主的功能验证测试项目，共26个调试项目，是地铁工程调试中的关键环节之一，是对前期机电设备安装、单系统调试、接口调试的检验，同时也为后期顺利进行综合大联调提供有力保障。

1. 全功能测试目的

全功能测试的如下：
（1）检验系统间接口和通信协议的一致性。
（2）检验各系统单机、接口的完整性。
（3）检验接口功能是否满足预期效果。
（4）检验各系统间的联动是否满足预期效果。

2. 全功能测试前置条件

全功能测试前置条件如下：
（1）各系统单机、接口调试完并投入正常使用。
（2）各系统及接口调试报告已提供，并通过联调检验。
（3）综合联调方案、点表及调试记录表准备完毕。

3. 测试项目

全功能测试项目见表10-2。

全功能测试项目表　　　　　　　　　　　　　表10-2

序号	调试项目	序号	调试项目	序号	调试项目
1	ISCS登录全功能测试	12	EPS	23	TFDS
2	小系统	13	人防门	24	防火阀
3	大系统	14	传感器	25	区间电动蝶阀
4	隧道通风系统	15	PA	26	防火卷帘门
5	二通阀	16	PIS	27	防盗卷帘门
6	冷源系统	17	CCTV	28	气体灭火
7	电扶梯	18	ACS	29	区间瓦斯监测系统
8	智能照明	19	PSD	30	区间联络通道防火门
9	区间疏散指示	20	AFC	31	防淹门
10	导向、广告照明	21	能源管理	32	消防泵
11	给水排水	22	电气火灾及消防电源	33	消防联动

10.7　调试工作安全保障措施

1. 概述

（1）调试管理组是各阶段联调管理及服务的具体负责部门，并在联调期间承担安全管理责任。

（2）调试管理组在联调期间与所有配合调试单位签订安全管理协议书、建立安全体系、明确负责人，履行安全管理责任。

(3) 调试管理组在调试过程中检查和监督安全协议的执行情况及调试的各项安全工作。

(4) 安全管理是调试管理服务项目工作的重中之重，调试管理组对整个联调期间的调试安全、人身安全和财产安全负管理总责。

(5) 做好内外联系和信息沟通工作，不断加强巡视区域，加大安全保卫力度，确保重点要害部位万无一失，力争本工程项目范围内不发生偷盗事件，确保按时顺利移交运营公司。

(6) 建立健全各项安全管理制度和各种突发事件的应急预案，遇有突发事件，按照各类应急预案果断处置。加强线路沿线、车站的治安管理，认真组织落实各项安全管理制度和防范措施。加强宣传教育，提高施工人员遵章守纪的自觉性。

2. 安全保障

为了有效开展调试过程中的安全保障工作，确保工程的安全顺利开通，为联合调试和综合大联调保驾护航，创建平安健康工程，承担调试过程中的安全管理责任，将建立安全生产管理体系，由调试管理组负责责任区域的安全保卫工作，负责对全线安全保卫进行全面指导、监督和检查工作。

3. 调试单位职责

(1) 负责本单位进入封闭区域人员管理，学习并严格遵守《工程调试管理办法》。

(2) 负责本单位进入封闭区域器材、设备、工具、废料的清点、收集和清理工作。

(3) 负责本单位封闭区域危及调试安全存在的问题和隐患整改工作。

(4) 负责为本单位施工、调试人员办理轨行区准入证件、施工作业令。

4. 安保人员管理规范及流程

(1) 上岗的安保人员必须经过相应的专业培训和教育，无违法犯罪记录，身体健康。

(2) 安保人员上岗和下岗时，必须认真做好交接班记录。

(3) 固定岗卡值班人员值班时要对所有出入岗卡的人员及车辆按规定进行检查并做好出入登记；流动及巡查人员必须严格按照规定要求对所管区段进行巡查并做好巡查记录。

(4) 安保人员在上岗时必须统一着装，保持仪表整洁，值勤时要文明礼貌。

(5) 安保人员在工作中发现可疑情况或人员时应及时向后勤安保组报告。一旦发现现场发生盗窃行为，应及时予以制止并立即向后勤安保组报告，尽量采取措施控制违法犯罪嫌疑人。

5. 安保工作要求

(1) 提高认识，加强领导。参加综合联调的安全保卫工作的现场安保人员，必须充分认识和做好应付处置各类突发事件的重要性、紧迫性、艰巨性，增强大局意识、责任意识，提前做好思想准备。要加强组织领导，科学判断，果断决策，高效统一，使危害及损失减少到最低限度。

(2) 严守纪律，恪尽职守。处置突发事件中，安保队长和现场安保人员必须服从命令，听从调遣，快速反应，及时出动，不得拖延，不得擅自行动，不得脱岗离位，要讲究工作方法和策略，文明值勤，依法办事，妥善处理，防止因处置不当而激化矛盾。要自始至终坚持"早发现、早报告、早控制、早处置"原则，努力使各类突发事件缓和、化解、平息在萌芽状态。

(3) 要保障信息畅通。工作中坚持请示汇报制度，遇到重大问题和紧急情况必须及时报告，不得隐瞒。要及时沟通，相互支援，密切配合，确保安全保卫任务的完成。

6. 安全保障具体措施

（1）调试准备阶段安全保障措施

1）编制实施性作业组织设计，必须同时编制安全技术措施。

2）根据各工点或工序的具体情况，配置与之相适应的机械设备，杜绝因机械设备不满足作业要求而造成的安全事故。

3）与合同内各专业、各单位签订详细的安全作业协议，和相关单位配合作业时，应提前通知相关单位进行配合，以保证既有设施安全。

（2）调试过程中的安全保障措施

1）各级管理人员坚持"管生产必须管安全"的原则。在计划、布置、检查、总结、评比生产任务的同时，计划、布置、检查、总结、评比安全生产。

2）要求监理单位在单机单系统调试、接口调试及全功能调试时开展现场安全交底。

3）下达周、月计划，安排作业计划，同时制定安全目标、安全措施和对重点部位的监控措施；每周召开调试工作例会时，布置落实下周安全工作措施。

4）严格执行安全定期检查制度，并根据作业进展情况和时令节气情况，组织进行阶段性安全大检查和季节性安全检查。

5）"严"字当头，对事故苗头实行三个"百分之百"的实施规定（即百分之百的登记、百分之百的通报、百分之百的消除），形成人人遵守规章制度的风气，创建良好的安全生产氛围。

6）项目分部员工必须熟悉、清楚所从事作业项目的安全设计、安全技术措施、工艺流程及安全注意事项，并在操作中严格遵守，杜绝违章指挥和违章作业。

7）把经常性的安全教育、管理和控制统一起来，落实安全技术和防护措施，做到作业标准化，管理规范化，保证生产安全。

8）广泛开展安全预测预控活动。

（3）综合联调收尾阶段安全保障措施

1）总结调试过程中的安全生产经验，对于好的经验措施和方法在下一项目中推广。

2）找出调试过程中的安全管理薄弱环节和安全事故的原因，改进或制定具体有针对性的措施，在下一项目中运用。

（4）综合调试中的安全保障

综合调试是成都轨道交通设备系统功能实现的关键阶段，综合调试的质量高低直接决定了地铁开通的质量。因此，综合调试中的"安全"是联合调试过程中控制的关键。在综合调试过程中，"安全"涉及两部分内容，一部分为"人身安全"，另一部分为"设备安全"。为此，在综合调试过程中，调试管理组将采取如下措施确保"人身安全"和"设备安全"。

1）参与综合调试的所有人员要坚决服从建设单位对施工现场的所有安全管理规定。

2）综合调试涉及最多是带电作业，因此，调试管理组要求参加现场调试人员在调试过程中要确保高度的警惕，不得操作不属于自己专业内的设备。对各自专业的设备要先进行验电检查，确保带电正常和电压等级正常后方可上电操作，严禁违反电气操作规范进行设备操作。

3）在现场调试过程中，各系统专业设备承包商应配备足够的专用工机具和仪器仪表设备，严禁在调试现场采用危险性高的临时操作办法来进行设备操作。

4）现场调试组在对设备进行调试后，调试已确认合格的设备要进行标识处理和锁闭处理，避免因误操作导致系统设备受到损坏。

5）现场调试组长要对调试组成员进行安全督导和现场监督，现场调试组内设置兼职安全员，对调试过程进行安全监督检查，确保在调试过程中的安全。

6）涉及轨行区内的综合调试作业，要严格按照下发的轨行区施工管理办法进行清点作业，在轨行区进行调试作业要按规定配置红闪灯、反光服和安全帽。

7）大型设备试验前，由该设备集成商向调试管理组提交安保方案，调试管理组根据安保要求加强安全保障工作，确保人员和设备的安全。

（5）变电所值班值守安全保障措施

1）变电所的值班人员必须持证上岗，并且经过安全教育、考试合格后方可上岗。

2）所有的值班人员都要牢记安全管理的相关规定，熟悉安全用具的使用。同时值班人员需要认真学习运行规程，按照规程中的有关安全内容认真执行。

3）所有值班人员都应学会触电、窒息急救法和人工呼吸，并熟悉有关烧伤、烫伤、外伤、气体中毒等急救常识，增强自保和互保意识。

4）值班人员坚持每天的班前安全交底和班后的总结工作，坚持每月一次的安全活动，对安全状况进行分析检查，对存在的不安全因素进行总结，并按照有关规定进行奖惩。

5）设备操作时，必须有工作票或操作票，不经批准不得擅自操作。

6）值班人员必须着装统一、干净整齐，值班时严禁吸烟。

7）在进行设备的巡视或维护时，周围的照明必须保证良好；巡视人员与带电设备的安全净距必须保证。

8）进行设备的日常维护工作必须两人进行，在执行操作时必须一人监票、一人操作；工作人员的劳动防护用品穿戴齐全，并且使用正确。

9）发现有人触电，应立即切断电源，使触电人脱离电源，并进行急救。如在高处工作，抢救时必须注意防止高处坠落。

10）带电设备发生火情，在无法切断电源或不能肯定是否已断开电源的紧急情况下，为避免火情扩大，可采用带电灭火的方法；带电灭火时，应穿绝缘靴、戴绝缘手套，用灭火器灭火，并对带电设备保持不少于安全规定的距离，禁止使用泡沫灭火器或用水直接喷射。

11）在全部停电或部分停电的电气设备上工作，必须完成下列措施：停电、验电、装设接地线、悬挂标示牌和装设遮拦。

12）在带电作业过程中如设备突然停电，作业人员应视设备仍然带电。工作负责人应尽快与调度联系，调度未与工作负责人取得联系前不得送电。

13）变电所内执行动火工作票制度，同时做好工作中的环保措施。

14）进入电缆夹层，一般应穿戴防毒面具。

15）给带电设备挂设警示牌时，必须采用绝缘杆，穿好绝缘靴。

16）变电所值守值班人员要遵守成都地铁变电所值班值守人员的相关安全规定。

（6）其他有关的安全规定

1）封闭管理区段内，工作人员凭有效证件经安保人员检验登记后，方可进入。

2）进入轨行区封闭区段的施工、调试人员，实行一证一人制。

3）出入轨行区封闭区域的有效证件严禁伪造、涂改或转借他人。证件应妥善保管，如有遗失，持证人立即向中心调度室报告。

4）进出轨行区封闭区域的人员，要主动示令（证）、签名登记，自觉接受看守安保人员的查验。凡不予积极配合的，现场安保人员有权拒绝其进出轨行区封闭区域。

5）安全保卫工作采用24小时值班制，同时加强对周边环境的巡查，以及对过往人员、车辆等的监控。

6）车站及其施工现场的安全保卫工作，以防火、防破坏、防治安灾害事故为重点，实行"全线封闭、严格管理、预防为主、保障安全"的原则，对于安保工作重点要做到"早发现，早汇报，早整治"，为综合联调创造一个和谐的环境。

7）如有夜间调试，首先要做好相关准备工作（包括车辆、通信、照明、工具等）。

8）进入轨行区的施工人员必须两人以上同行，方可进入。严禁吸烟或使用明火。

10.8 各参建单位间的配合

建设指挥部整体负责各调试相关单位间的配合管理，定期组织调试工作例会，总结近期工作，部署安排下阶段调试安排；出现调试问题时组织各方召开专题会，协商解决方案。

1. 与车站承包商的配合

（1）现场人身安全及设备安全服从车站承包商的统一管理。

（2）需车站承包商成立专业调试协调小组，并提供现场调试作业的环境及必要的便利条件。

2. 与设计的配合

（1）调试期间涉及设计的问题，建议设计到现场及时解决问题，如必要需及时召开专题协调会。

（2）重要的调试需设计到现场参与并对调试结果签字确认。

3. 与运营的配合

（1）需运营提前参与，并对调试结果签字确认。

（2）重要接口及系统联调的验收，需运营在调试前将可能在调试中发生的问题提出来，以避免不必要的返工。

11 安全管理

为保障组织机构正常运转,工程正式开工前建设指挥部、各分包单位需分别制定《安全生产责任制》《考核管理制度》《安全奖罚制度》及特有专业版块管理制度,明确责任、考核、奖罚等管理措施体系。安全管理体系具体内容见表 11-1。

安全管理体系　　　　　　　表 11-1

安全管理体系	
安全生产责任制	工程进场确定组织机构的同时需明确生产经营单位各级负责人员、各职能部门及其工作人员和各岗位生产人员的安全生产应履行的职责和应承担的责任,通过制定《安全生产责任制》以充分调动各级人员各部门在安全工作方面的积极性和主观能动性,确保安全生产持续稳定发展
考核管理责任制	工程正式开工前通过制定《考核管理制度》以加强总承包管理,强化监督、检查和服务的管理职能,确保工程质量安全,加快工程进度,规范施工管理行为,促进总承包管理单位的履约管理,调动总承包管理单位的工作积极性,使其全面履行合同所约定的职责
安全奖罚制度	工程正式开工前通过制定《安全奖罚制度》以保证在安全生产的过程中更好地贯彻安全生产方针、政策、法规,落实安全生产的各项规章制度,确保在工作中做到有法可依,充分调动各级工作人员积极性,同时强化自我约束意识,维护正常的工作秩序

11.1 运行控制

11.1.1 安全管理策划

1. 安全管理策划编制

建设指挥部应在开工后 20 天内,根据业主合同内容及现场实地勘察,梳理全线安全管控要点,编制完成全线总体安全生产管理策划书,明确全线安全管理目标及主要管控措施。

各标段项目部应在开工后 1 个月内,根据所属合同内容、全线总体安全生产管理策划书及现场实地勘察,编制完成项目部安全策划书。

2. 安全管理策划编制内容

编制依据;适用范围;工程概况;安全控制目标;工程的安全情况分析;实施措施计划;安全达标实施计划;安全创新计划;安全文明施工费用投入预算及控制计划。

11.1.2 安全教育培训

1. 建设指挥部安全教育培训

(1) 建设指挥部安监部应编制年度《安全教育培训计划》,并按计划开展。

(2) 建设指挥部根据现场施工情况,不定期组织项目部主要管理人员到外部进行观摩学习交流，取长补短，提升现场管理标准。

（3）对项目部的安全生产教育培训进行指导和监督。

2. 项目部安全教育培训

（1）项目部应编制《安全教育培训制度》，根据国家法律法规、规章制度进行入场三级安全教育、日常安全教育、特种作业人员安全培训、管理人员的安全培训。

（2）各类安全培训教育内容和参加对象应有书面记录和影像资料，留存备查。

11.1.3 安全监督检查

1. 建设指挥部安全检查

（1）建设指挥部每月末对所管辖项目部开展一次生产安全综合检查，由建设指挥部工程管理部负责组织，建设指挥部各部门参与。同时，建设指挥部可根据需要对项目进行不定期的安全检查或专业性安全检查，检查小组根据隐患情况下达《在建工程安全隐患整改通知书》或《在建工程重大安全隐患局部停工整改令》。

（2）建设指挥部每月月中针对现场管控重点开展一次专项安全检查，由建设指挥部安监部负责组织。

（3）各类安全检查前应下发通知，明确检查范围、对象、组织、时间、检查内容、评比标准，检查后应进行通报和奖罚。

（4）建设指挥部安监部应每周对所管辖项目部至少开展1次日常安全巡查，建设指挥部驻地工程师应每日对所管辖项目部开展日常巡查。

（5）建设指挥部应根据现场实际需要，引进第三方检测单位对现场进行监管。

（6）对建设工程施工过程中存在的各种安全隐患、安全管理漏洞等问题，根据其可能造成后果的严重程度，实行"白、黄、红"三级管理制度，督促责任单位整改，并跟踪检查。

2. 项目部安全检查

（1）项目部应积极配合政府相关部门、业主、上级单位检查。项目部应提前通知建设指挥部上级检查的时间、内容等信息。

（2）项目部应编制《安全检查实施细则》，并按制度严格开展每日巡查、周安全检查、专项安全检查、节前节后安全检查和月度达标考核等形式的检查。检查应形成书面记录，留存备查。

（3）项目部对检查发现的隐患应按照相关制度下发隐患整改单、罚款、局部停工令，并形成检查通报，在周生产会、系统例会上进行传达。检查通报、会议记录应形成纸质资料留存备查。

11.1.4 安全技术管理

1. 安全措施与专项方案

（1）建设指挥部应对项目部安全措施与专项施工方案的编制、审核、审批全过程进行监督，并严格按照《危险性较大的分部分项工程安全管理规定》要求对安全专项施工方案进行审核审批、参与专家论证，建立安全专项方案监督台账。

（2）项目部应在分部分项工程施工至少15天前完成方案编审手续，并报建设指挥部备案。

(3) 专项安全技术措施及方案的编制和审批还应符合上级单位和业主相关要求。

2. 安全技术交底

(1) 建设指挥部安监部是安全技术交底监督管理部门，负责对项目部的安全技术交底工作进行监管，监督检查项目安全技术交底工作的实施情况。

(2) 项目部应编制安全技术交底制度，负责实施各类安全技术交底工作。

3. 安全验收

安全验收内容包括临边洞口防护等一般安全防护、中小机械、临时用电、临建、《关于实施〈危险性较大的分部分项工程安全管理规定〉有关问题的通知》中的分部分项工程以及业主要求的其他验收内容。项目部应严格按照上级单位相关要求按程序进行验收。建设指挥部根据上级单位和业主相关文件要求对项目部及其公司验收程序和实体进行核查。

11.1.5 安全费用管理

(1) 安全生产费用的组成、提取、统计工作按照局《安全生产费用管理与会计核算办法》及相关规定执行，确保专款专用，在财务管理中单独列出安全防护、文明施工措施项目费用清单备查。

(2) 建设指挥部安全生产全费用计划由财务部牵头，每年一季度编制总体安全费用年度投入计划，安监部会签，报安全总监、财务总监、商务总监会审，指挥长审批。

(3) 建设指挥部对项目部进行安全检查、评审、考核时，将安全生产费用的投入和管理作为一项检查内容，并对分包单位安全生产费用的投入进行监督。

(4) 项目开工后，结合项目施工组织设计和专项安全方案，按照《安全生产费用管理与会计核算办法》，对项目安全生产费用进行预算，编制《项目安全生产费用投入计划表》。

11.1.6 安全活动

1. 安全月活动

建设指挥部及项目部应在每年6月全面开展全国安全月活动。活动由安委会（安全生产领导小组）组织、安监部统筹，重点进行安全宣传、教育培训、监督检查、专项治理、应急演练等活动，积极探索并创新安全活动，相关部门按策划落实。

2. 领导带班

(1) 建设指挥部、各项目每月应制定负责人带班检查、负责人带班生产计划，明确带班的人员、时间、内容，填写带班检查记录。

(2) 项目施工现场醒目位置应设置标牌，公示当日带班生产负责人的姓名、职务、电话。

(3) 建设指挥部对各项目部带班制度的落实情况进行监督检查，对未执行带班制度的项目和人员，按有关规定处理。

(4) 各项目部应配备一部专门应急电话。应急电话应保持24小时畅通，由带班领导随身携带。

3. 安全会议

(1) 建设指挥部应编制《安全会议制度》，明确各类安全会议的时间、地点、参加对象、会议程序、主持人等。

（2）建设指挥部每月定期召开安全系统例会，对近期安全管理情况进行通报，并对下一步重点工作进行部署、重要文件及会议精神进行宣贯学习。

（3）各类安全会议应形成书面记录，并按照规定进行发布。

（4）项目部应编制《项目部安全会议制度》，严格执行，留存书面记录和影像资料备查。

11.1.7 安全防护标准化

（1）建设指挥部安监部根据上级和业主标准化图册牵头编制《现场安全防护标准化手册》，由相关部门进行会审，分管领导审核，主要领导审批后发布实施。各项目部可根据本项目情况进行细化。

（2）项目部应把标准化安全设施纳入施工现场总平面布置策划，绘制三维效果图，由项目经理牵头，项目技术部组织，工程部、安监部、机电部等部门参与。

（3）所有项目必须按照建设指挥部统一的标准要求，实施现场安全防护标准化工作。政府部门和业主另有要求的执行其要求。

11.1.8 安全应急管理

1. 应急预案

（1）建设指挥部及各项目部应在工程开工一个月内对本项目生产经营活动范围内的危险源进行辨识，对识别出的重大危险源应编制《生产安全事故应急救援预案》。

（2）建设指挥部应编制综合事故应急预案，各项目部根据本项目施工特点编制综合事故应急预案和专项应急预案，项目部各类应急预案经后台公司审批后报建设指挥部安监部审核备案。

（3）建设指挥部、项目部分管领导须组织有关部门和人员对预案进行评审，主要负责人审批后发布实施，按要求报上级安全生产监督管理部门和政府部门备案。

2. 应急准备

（1）建设指挥部、各项目部应在《生产安全事故应急救援预案》审批后1个月内组织对全体员工和分包单位进行宣传、教育，对应急救援组织的相关人员进行交底和培训，并做好记录。

（2）项目部应根据业主相关制度和实际情况贮备应急资源，包括应急设备、物资及社会资源等，建设指挥部建立统一的应急资源信息库，共享应急救援人员、应急物资设备信息等，确保能够在各项目间协调调配。

（3）建设指挥部安监部定期对各项目部应急物资储备情况进行检查，项目部应急救援器材、设备应在平时备齐，并经常进行维护和保养，保证正常运转。

3. 应急演练

（1）建设指挥部每年组织至少1次指挥部级的大型应急演练，项目部每年组织至少进行2次项目范围内的应急预案演练。

（2）建设指挥部、项目部须制订应急演练方案，明确演练的规模、方式、频次、范围、内容、组织、评估、总结等内容，经主管领导批准后，由承办应急预案演练的项目落实各项准备工作。

（3）应急演练结束后，对应急演练情况进行分析、评估，找出存在的问题，提出相应的改进建议。并填写应急预案演练和评价记录表。

（4）建设指挥部安监部、项目部安监部负责整理归档应急预案演练的相关影像、文档资料，并根据改进建议，修改完善应急预案。

4. 应急响应

（1）事故发生后，项目部应按照生产安全事故流程启动应急预案，并第一时间按照规定填报《因工伤亡事故快报表》。

（2）建设指挥部、项目部按照"分级响应，快速处理，以人为本，积极自救"的工作原则，分别启动应急预案，进行应急处置。

（3）事故应急处置期间，责任项目应保持与上级单位信息沟通，及时报告事故处理动态。

5. 事故处理

（1）事故调查期间，建设指挥部相关人员及项目负责人不得擅离职守，须保持信息通畅，随时接受事故调查组的询问，如实提供有关情况。

（2）项目部牵头成立整改小组，对施工现场进行全面检查、整改。整改完成后，项目部须向建设指挥部提交复工申请报告，经建设指挥部复查批准后方可恢复施工。

（3）项目部按照事故调查报告及建设指挥部要求，对项目部有关人员进行处理，并结合分包合同及安全管理协议，对分包单位进行处罚。对项目部的处理由建设指挥部安委会执行。

（4）建设指挥部安监部按照"四不放过""履职免责、失职追责"原则，对责任项目提出处理意见，经建设指挥部安委会确定进行责任追究，并将处理结果报上级安全生产监督管理部备案。

6. 事故统计

（1）每月25日前和每年1月20日前，各项目部填写事故（事件）统计月（年）报，上报至建设指挥部安监部，由建设指挥部安监部上报至上级安全生产监督管理部门。

（2）发生事故的项目应进行年度事故统计分析，形成分析报告报建设指挥部安监部。

11.1.9 考核与评价

1. 建设指挥部考核与评价

（1）建设指挥部每月对各标段项目部开展1次综合考核评价（与每月末综合检查相结合），对取得第一名且最终得分大于90分的项目部给以奖励，颁发流动红旗；对倒数第一名且最终得分小于75分的项目部予以处罚。

（2）建设指挥部每月月中专项安全检查按30%~50%的权重计入月度总分。建设指挥部对巡检发现的较大以上安全隐患按照类别直接在月度总分中扣分。

2. 建设指挥部奖惩管理

（1）建设指挥部安委会是建设指挥部安全生产最高管理决策机构，负责对项目年度安全生产责任目标考核兑现报告进行审定和对发生安全事故的项目部进行处罚。

（2）建设指挥部应编制《安全生产奖惩实施细则》。建设指挥部安监部是归口管理部门，负责对安全奖罚工作规范管理、组织开展各项目年度安全生产目标责任状考核工作、向建设指挥部安委会提交项目安全生产责任目标考核兑现报告、依据建设指挥部安全生产奖惩细则提出奖惩意见。

(3)项目部按照安全生产责任状指标完成创优指标,建设指挥部根据获奖类别对项目部给以奖励,未完成创优指标的对项目部进行处罚。

(4)项目部在业主的履约考核中,根据排名情况对项目部进行奖励或罚款。

3. 项目部考核与评价及奖惩

(1)项目部应对下属分包每月定期开展考核评价,奖优罚劣。

(2)项目部应编制《项目部安全生产奖惩细则》,并严格实施。

11.2 重特大危险源管理

为了有效预防城市轨道交通建设中重大安全事故的发生,建设指挥部应制定专门的管理流程和制度来规范重特大危险源的管理。

重特大危险源管理流程如图11-1所示。

图11-1 重特大危险源管理流程图

11.2.1 重特大危险源的辨识

进场后,建设指挥部应根据《关于实施〈危险性较大的分部分项工程安全管理规定〉有关问题的通知》、《危险性较大的分部分项工程安全管理规定》及在轨道交通施工过程中可能发生的其他事故,按照危险源发生事故的概率及危害程度,可以将危险性较大的分部分项工程分为一般危险源、重大危险源和特别重大危险源,实行分级分类管理。

在勘察、设计单位列出的"危大工程"清单基础上,建设指挥部在施工前应组织专家及相关参建单位进行现场踏勘、评审,编制形成重特大危险源清单。清单应包括工程设计情况、地质勘测情况、周边情况踏勘(尤其是站房和区间所涉及的管线、河流和周边构建筑物)和实施时间。

11.2.2 清单发布及公示

1. 危险源清单发布

重特大危险源清单经专家现场踏勘、评审后,建设指挥部以正式文件下发执行。

2. 危险源清单公示

每年、季度初,建设指挥部应发布年、季重特大危险源清单。标段项目部根据建设指挥部发布的重特大危险源清单,制定每月、每周的危险源清单。现场建立"危大工程"公示制度,公示每日施工重特大危险源,公示内容包括"危大工程"名称、出现的时段、涉及的危险因素、控制措施、责任部门和责任人,在施工现场入口显著位置挂牌公告。

11.2.3 安全专项方案编审及专家论证

"危大工程"在实施前,建设指挥部应督促标段项目部按规定完成安全专项方案的编审及专家论证。

11.2.4 开工条件验收

所有重特大危险源施工前,建设指挥部应组织开工条件验收,验收通过后,方可开始实施。

1. 验收流程

开工条件验收流程如图 11-2 所示。

2. 重特大危险源开工条件验收应具备的条件

(1) 专项方案已按管理办法要求通过专家评审,并按照专家意见对专项方案修改完善且完成相应的审批。

(2) 开工前已按专项方案要求完成相关人员(标段项目部项目负责人必须在施工项目现场履职,不得擅自脱岗)、材料及设备的准备,已明确施工时现场监督的专职安全管理人员。

(3) 按要求完成相关人员的教育培训和安全技术交底。

(4) 按专项方案要求完成应急预案的编制和审批,应急救援机构设置及应急物资准备到位,并经监理验收。要求提前组织应急演练的需按要求完成,演练影像资料存档备查。

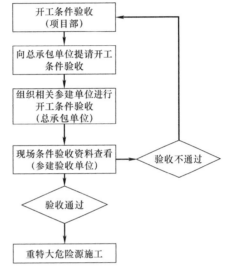

图 11-2 开工条件验收流程图

(5) 各类重特大危险源开工时应具备的其他前提条件。例如:涉及起重吊装作业的;定式起重设备安装专项方案已按要求完成编制、审批及备案;设备进场检验检测资料、安装单位专业分包资质、安装作业人员资质通过审查和备案。

11.2.5 过程管控

1. 重特大危险源的计划管控

建设指挥部和项目部均应对重特大危险源进行计划管理,建立项目危险性较大工程关键工序安全监管计划和实施台账,明确实施时间、过程实施状态、管控措施等。

2. 重特大危险源开工审批及工序报备

"危大工程"实施前,项目部应向建设指挥部提起开工审批,经批准后,现场方可实施。"危大工程"各工序施工前,工区负责人应向项目部进行报备,项目部派专人值守。

3. 重特大危险源旁站监督与定期巡查

(1) "危大工程"实施过程中,项目部应当指定专人对专项方案关键工序实施情况进行现场安全旁站监督和按规定进行监测,巡查专项方案实施情况。建设指挥部应按照检查制度定期对"危大工程"进行专项巡查。

(2) 旁站监督与巡查过程中发现不按照专项方案施工的,应当要求其立即整改;发现重大安全隐患,立即下达局部停工整改令;有危及人身安全紧急情况的,应当立即组织作业人员撤离危险区域。

11.2.6 安全核销

对于已经完工的重特大危险源,在危险源清单台账中要及时核销,并注明核销时间。

11.3 关键环节的安全管理

11.3.1 吊装运输安全管理

站后机电设备材料众多,部分材料设备重量大、体积大、外形不规则,将此类设备、材料运输至地下车站安装是机电施工管理的重要工作。

1. 吊装运输总体筹划

设备材料吊装运输应及早筹划、及早准备,在土建施工阶段尽早介入,机电管理部要调查、规划好大型设备材料的吊装运输路径,如通过风亭或端头井吊装、直接吊装或通过轨道车转运等。同时要跟踪好土建施工的动态,关注拟采用的吊装孔封孔时间,避免后期施工冲突。

2. 吊装运输方案管理

(1) 方案总体要求

吊装作业前施工单位应做充分的现场调查、分析、论证,综合考虑安全、质量、施工效率等各方面因素,制定编制切实可行的吊装运输方案。吊装运输方案应在实施前一周内完成编制及审批流程,经批准的方案应对所有作业人员进行交底,保留交底资料备查,机电管理部不定期对吊装方案管理情况进行检查。吊装过程中应严格按照经批准的吊装方案实施。

(2) 方案审批流程

1) 吊装运输方案应由项目技术人员负责编制,经项目技术负责人审批后,报监理工程师审批,经批准的方案报总承包管理部审核、备案。

2) 满足《危险性较大的分部分项工程安全管理办法》规定的方案应由施工单位技术部门组织本单位施工技术、安全、质量等部门的专业技术人员进行审核。经审核合格的,由施工单位技术负责人签字。不需专家论证的专项方案,经施工单位审核合格后报监理单位,由项目总监理工程师审核签字。对于超过一定规模的危险性较大的分部分项工程需要组织专家论证时,可由建设指挥部部组织进行专家论证。方案审批流程如图11-3所示。

(3) 方案主要内容要求

吊装运输方案内容组成应包括但不限于以下内容:

1) 编制依据

编制原则、编制依据、编制范围等。

2) 作业简介

工程概况、本次作业情况简介等。

3) 吊装运输方案

吊装运输时间及吊装流程、作业方案等。

4）安全防护措施

组织保障、安全技术措施等。

5）应急救援预案

应急救援组织机构及联系方式、救援设施的配备等。

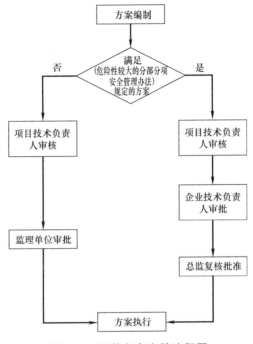

图11-3 吊装方案审批流程图

3. 吊装运输现场管理

(1) 吊装运输作业是站后安装工程的重大危险源，工程开始前，机电管理部应根据工程实际情况，制定适合本工程实际的吊装运输管理办法，明确各方主体责任。

(2) 吊装运输作业应有施工单位专职安全人员现场盯岗，对于部分重要及危险性较大的运输吊装作业，应根据重要程度及危险性程度由施工项目领导班子、总承包管理部管理人员或领导进行现场盯岗。

(3) 吊装运输前施工单位专职安全人员应再次检查现场情况，检查是否存在重大安全隐患，必要时暂停施工。

(4) 吊装作业前检查吊装设备的状态，务必保证机械设备良好；检查吊装作业人员证件是否齐全有效。

(5) 各种吊装作业前，应预先在吊装现场设置安全警戒标志并设专人监护，非施工人员禁止入内。

11.3.2 机械设备安全管理

城市轨道交通工程机电施工涉及汽车式起重机、登高车、焊机、切割机等多种设备，使用量大、使用环境复杂，若管理不到位设备带病作业或人员违规违章操作极易产生设备倾覆等相关事故。机械设备安全管理重点见表11-2。

机械设备安全管理重点表　　　　　　　　　　　　　　表 11-2

管理重点	管控措施
进（退）场管理	1. 设备进场前，标段项目部应及时收集资质文件（安全生产许可证、设备制造许可证、设备出厂合格证等）； 2. 设备进场时，标段项目部应组织对设备完好状态、安全保护装置等进行验收，验收合格后，填写《项目设备登记台账》，并设备的醒目位置张挂验收合格牌（验收时间、验收人员、管理责任人等）； 3. 设备退场时，验收合格牌、操作规程等信息标牌应进行清除并及时将《项目设备登记台账》进行更新
使用及维修保养管理	1. 项目部应建立设备管理制度，明确机械设备使用与维保要求，明确责任人； 2. 每日安排专人对设备操作使用情况进行巡视，及时消除设备使用过程中的各类隐患； 3. 每月邀请第三方专业检测机构对大型设备定期进行专项检查，消除设备安全隐患，不带病作业
人员管理	加强人员起重吊装教育培训、起重吊装安全技术交底，严格遵守"十不吊"原则，杜绝人的不安全行为发生
过程管控	1. 起重吊装前由安全员、工区经理、现场监理对吊装环境进行确认合格后开具吊装令方可起吊； 2. 起重吊装时安全员进行全程旁站确保吊装安全； 3. 敏感区间（人、车流量较大的地方、重要地段）设置硬防护

11.3.3　防汛工程安全管理

防汛工作实行"安全第一、预防为主、综合治理，以练备战"的方针，明确划分责任，"谁主管、谁负责"，建立防汛责任追究制度，压实各级防汛管理责任，将防汛安全管理责任落实到具体人员。建设指挥部、标段项目部在进入汛期前编制《防汛管理制度》，并制定各项防汛应急制度措施，促进防汛工作规范化、制度化、科学化，确保建设工程汛期安全度汛。防汛工程安全管理重点见表 11-3。

防汛工程安全管理重点表　　　　　　　　　　　　　　表 11-3

管理重点	管控措施
增强意识、压实责任	1. 积极开展防汛抢险知识的宣传、教育； 2. 建立健全防汛组织机构，明确责任分工； 3. 定期开展防汛专项检查，并发布检查通报限时整改，及时加强、完善现场防汛设施，压实责任到个人
辨识风险、完善"防汛一张图"	标段项目部应辨识现场防汛重点，修订及完善"防汛一张图"，明晰本工点防汛风险源类别及位置、防汛应急物资储备位置、应急抢险程序、应急抢险报警电话等，并在施工现场醒目位置张贴，确保防汛抢险工作有序、规范

续表

管理重点	管控措施
搭建沟通平台	1.建设指挥部应建立雨季汛情报送QQ群,做到实时共享、汇报现场汛情,提前采取防治措施; 2.各标段应指定专人提前发布每日天气预报至各工区相关责任人
按要求配备防汛应急物资	建设指挥部及分包均应建立防汛物资清单台账,定期核查并严令禁止挪为他用
值班值守、加强巡查	1.施工方确保各工点24小时有专人值班值守; 2.建设指挥部建立24小时值班和巡逻制度,及时准确上报巡防值班工作开展情况,并形成值班记录
现场防汛布控	1.建设指挥部应核查工程所在地历年最大降雨量,提前做好现场防汛工作,砌筑挡水墙、排水沟; 2.根据现场汇水情况,提前布置抽排水设备,保证防汛机制在第一时间能启动; 3.工地周边管网的排查和治理; 4.加强对工地周边的排洪沟、渠及河道管理,涉及导改的必须按方案实施,并做好维护及巡视; 5.排查车站出入库、基坑周边的挡排水措施; 6.基坑周边雨污水断头管严格落实"双重封堵"措施
加强应急、及时处置	1.主汛期时刻做好防汛准备工作,一旦出现汛情立刻启动防汛机制; 2.现场值班人员发现险情立即上报工区经理,立刻安排对现场汛情展开抢险,并通过沟通平台实时向上级领导汇报汛情; 3.编制应急预案,并组织开展防汛应急演练; 4.建设指挥部、各标段应建立防汛应急组织机构,防止事故发生或尽量减少事故的危害,保障各标段员工和工人的人身健康和安全、各标段财产安全

11.3.4 环保及文明施工安全管理

指挥部根据相关环境保护及文明施工文件制度要求督促各分包做好现场环境保护及文明施工工作,并牵头开展环境保护及文明施工专项排查。环保及文明施工安全管理重点见表11-4。

环保及文明施工安全管理重点表　　　　表11-4

管理重点	管控措施
落实责任分工	1.指挥部和标段项目部应根据环境保护及文明施工管理目标进行任务分工,压实责任; 2.指挥部应安排专人负责工程环境保护及文明施工管理工作,牵头开展检查、督促整改等; 3.标段项目部各工点应安排专人负责环境保护及文明施工现场管理,并在必要时候及时处理投诉事件
开展自查自纠、专项检查	1.指挥部、标段项目部应定期开展环境保护及文明施工自查自纠工作,及时整改现场存在的问题; 2.指挥部定期开展环境保护专项检查

续表

管理重点	管控措施
现场排查治理	1. 现场文明施工：工点安排专职文明施工队伍，文明施工队在第一时间要清理场内出现浮土、泥浆等； 2. 渣土外运：对运输车辆进行覆盖和封闭，严格控制渣土装车高度不得超过车厢栏板上沿以下10cm，切实做好渣土运输途中的防抛洒措施，渣土车出场前必须进行有效冲洗，严禁将泥土带出工地； 3. 噪声控制：合理安排工序，避免夜间施工扰民，及时办理夜间施工许可证并备案； 4. 扬尘监控：指定专业人员对扬尘监控系统进行维护，加强现场扬尘监测，当工地扬尘指数PM10≥50时，必须立即相应措施进行控制；工地现场风速达到四级及以上应立即停止易产生扬尘的作业；场内施工尽可能采用湿法作业，避免产生扬尘；进行渣土外运、喷锚施工等易产生扬尘作业时，必须开启喷淋、雾炮进行降尘； 5. 交通安全设施标准化：施工现场务必做好人车分流，保证交安设施完整有效性； 6. 围挡标准化：所有围挡周边应安装自动喷淋系统，安排专人对围挡进行保洁和维护工作，保持围挡整洁。围挡若有损坏、倾斜必须及时更换、整改；围挡头灯、应急灯夜间保持常亮状态； 7. 材料堆码：场内材料堆放严格执行"下垫上盖"原则，对已损坏的篷布立即更换； 8. 渣土场管理要求：各标段必须审核渣土场相关合规资料，选择满足环保要求的弃渣场

11.4 安全信息化管理

城市轨道交通施工的重特大危险源多、管理空间跨度大、管理管理层级多、管理对象多、各类参数复杂多变，宜采用信息化的手段进行辅助加强现场的安全管理，充分利用互联网的实时性以及信息管理系统的流程控制严谨性，在实现紧盯现场重特大风险源的同时，做好安全隐患的排查治理工作。根据轨道交通施工的特点，可构建安全风险监控系统、安全隐患排查点巡检系统、扬尘在线监控系统等信息系统。

11.4.1 安全风险监控系统构建

安全风险监控系统功主要对现场施工进行实时视频监控，确保施工现场安全文明施工，对全线所有车站进项覆盖。

实时视频监控功能，由建设指挥部监控中心和各工点现场分监控中心及现场监控点构成一体网络。监控中心设在建设指挥部，分监控中心设置各工点办公区，同时分别在施工现场车站公共区、设备区、工点出入口及材料堆场等处安装视频摄像机，通过网络实时的在各级监控室显示现场画面，同时将其安全存储到监控中心设备上，视频资料保存至少为30天。

11.4.2 安全风险监控系统运行与维护管理

监控中心固定值班人员，按每日2班、每班12小时进行固定轮值。做好监控系统信息源校对，每日对所有监控系统信息源进行逐一巡检校对，确保各监控信息源信息正常。确保监控信息源按方案在大屏系统中显示，随时为建设指挥部各管理人员提供信息，能及时合理切换信息源展示。做好日常值班记录，发现监控中心温湿度及相关监控系统异常，及时报告，监控系统预警时及时通知相关管理人员。建设指挥部除工程部、技术部等业务部门利用监控平台进行安全日常巡查以外，还增加三方瓦斯检查单位对瓦斯监控系统的日常巡查，确保风控系统有序运行。

标段设施管理维护，要求各标段安排专人对分监控室及现场监控设施设备进行维护和保养，与建设指挥部充分对接，发现设备故障立即进行检修。

11.4.3 安全隐患排查点巡检系统构建

安全隐患点巡检系统是为了促进全线各级安全生产监督管理人员履行安全监督管理职责而构建的手机APP程序，点巡检系统通过任务分解的形式，压实各级岗位人员的职责。系统要求建设指挥部各相关岗位、各标段项目安全员、质检员、安全总监等各岗位人员按固定频率对现场安全隐患进行排查并上传信息至系统。

点巡检系统内置严格的工作流程，使安全隐患排查及治理回复形成闭环管理。点巡检系统要求项目及建设指挥部各级领导在隐患信息提报后，根据隐患级别不同分别在4~24小时内响应，要求项目对隐患进行及时处置后关闭，形成闭环。标段要对发布的各级隐患按排查要点和整改时限要求及时进行整改，整改完毕后及时提出消除申请，各相关岗位或部门人员复核达到要求后予以核准消除，对未达到整改要求的安全质量隐患可退回并按要求进行处罚。

11.4.4 安全隐患排查点巡检系统的履职要求及处理

点巡检系统依据建设指挥部相关制度，对系统应用情况进行严肃考核。系统对所有排查均规定了频次、响应及整改关闭要求，对不履职的标段和个人APP会记录在案，并按月考核扣分。建设指挥部出台了《建设指挥部安全生产奖罚细则》并与点巡检系统考核分数直接挂钩，对当月累计扣分超过一定分值的标段按安全隐患违章进行处置。巡检系统示意如图11-4所示。

图 11-4　点巡检系统示意

12 质量管理

城市轨道交通工程建设作为城市基础设施建设的重要组成部分，有着一般大型工程的共性，诸如建设投资大、参建单位多、变更索赔多等，除此之外，其在质量管理方面有着鲜明的特点：

（1）工程质量要求高。轨道交通工程属于一个永久性标志工程，同时作为公共性建筑，其质量水平和站内舒适度也到社会各界的广泛关注，这就要求在质量管理工作中严把过程关，进行科学决策。

（2）质量管理难度大。机电施工涉及的专业复杂，单位繁多，多为交叉作业，不可控因素较多，加大了现场质量管控难度，项目质量管理在沟通与协同工作上存在许多困难。考虑到上述因素，建设期的管理任务常采用国内较为常见的总承包管理模式来完成，总承包管理单位对于众多参建单位空间位置分散化、管理方法多元化的状况，迫切需要一套适合轨道交通建设特点的质量管理体系，以更好地对项目进行管理。

12.1 质量的方针和目标

质量方针：过程精品，质量重于泰山。

质量目标：符合国家和铁道部有关标准、规范和设计文件要求。根据与建设单位签订的合同要求与建设指挥部内部要求，在建设工程项目开工前制定可行的质量目标。质量目标可包括质量验收、质量创优、QC成果、观摩会等。确定总体质量目标之后，建设指挥部要对质量目标进行分解，具体目标要分解到各部门、下属标段项目部，并定期进行质量目标考核，以推动整体质量目标的实现。

12.2 质量保证体系

建设指挥部负责建立完善的质量管理体系，成立质量管理委员会（简称"质委会"）。

质委会是总承包项目质量管理最高决策机构，办公室设在建设指挥部质量管理部，主要职责有：制定并下发质量管理办法、细则；审议质量奖罚；处理重大质量事项；完成质量考评；组织进行无人员伤亡质量事故的调查与处理；总承包项目其他质量监督、管理的有关决策。

质量管理部是总承包项目日常质量管理的归口部门，负责质委会日常工作的开展及项目质量体系运转的维护，部门经理兼任质委会办公室主任。质量总监协助指挥长，建立全方位的质量管理体系，负责组织协调、督促以及检查标段项目部的质量管理工作。

标段项目部成立质量管理领导小组，明确相关部门和岗位的质量职责，全面负责项目质量管理工作。标段项目部设质量总监一名，全面负责标段项目部质量管理的各项工作，并接受建设指挥部质量总监、质量管理部的监督及指导。标段项目部设质量管理部，配备满足质量管理需求的专职质检员，负责标段项目部工程质量管理的具体工作。

城市轨道交通建设的特点决定了其质量管理人员配置与房建领域的不同。因其标段项目部众多、地理位置分散、空间距离大、涉及专业多，建设指挥部根据工程特点，设立"两条线"管理思路。一是区域线，按照区域划分设立区域线，设区域质量主管，负责区域内各专业质量的日常管理工作；二是专业线，根据不同专业设置专业主管，每名质量主管分管1~2个专业，对专业内质量管理方面的重难点进行管理。两条管理线路相互交叉、相互补充，达到全方位质量管控的目的。目前，建设指挥部质量管理部配备质量总监（兼部门经理）1名、质量管理部副经理1名、质量主管6名。质量组织机构管理如图12-1所示。

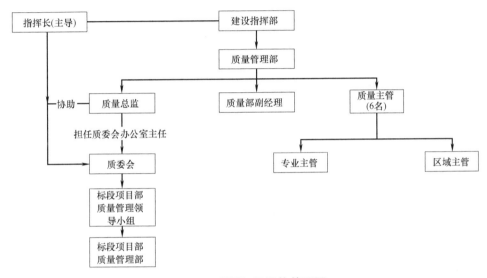

图12-1 质量组织机构管理图

12.3 质量管理职责

1. 建设指挥部

负责编制《项目质量策划》，在正式发布后，组织对标段项目部进行交底，并填写质量策划交底记录。质量策划的内容包括：

(1) 明确目标：建设指挥部对项目的定位，根据合同明确及细化质量管理目标。
(2) 资源配置：根据项目定位合理配置质量相关资源（人、机、料、法、环）。
(3) 环境认知：识别质量相关的社会环境、政府环境、现场环境。
(4) 风险识别：识别质量相关的风险点及规避措施。

2. 建设指挥部质量总监

负责牵头汇总、编制《质量管理总体实施计划》《年度质量工作计划》，经建设指挥部指挥长审批后发布实施。

3. 建设指挥部质量管理部

质量管理部的管理职责主要如下：

(1) 建立全线工程质量责任制度，制定全线质量管理工作目标和质量管理实施细则。

(2) 督促各标段项目部建立健全质量管理体系与质量责任制度，编制质量管理计划，并督查各项目部质量管理体系的运行情况。

(3) 督促各标段项目部编制项目《质量创优计划》《质量通病防治措施》《QC活动开展计划》等，并指导各标段项目部实施。

(4) 负责全线各标段对外质量报表的编制、报送工作。

(5) 督促各标段制定、落实工程重点部位、关键工序的质量旁站监督计划。

(6) 督促各标段开展首件验收，对首件质量进行总结。

(7) 定期对各标段进行质量检查，对出现的质量问题，下发质量整改单并监督整改、回复。

(8) 每月/季对各标段质量管控情况进行考核，形成评价报告。

(9) 组织召开质量例会，对工程质量情况进行分析总结，对存在的质量缺陷、质量通病问题提出整改意见并检查落实，使工程质量持续改进。

(10) 对各标段项目部下发质量培训计划，并督促各标段项目部落实。组织专题质量培训，提升质量系统人员职业素养。

(11) 制定全线工程创优、观摩策划，推动全线工程质量创优、观摩各项工作。

(12) 发生工程质量事故时，组织控制事件发展并按规定程序及时上报，配合事故调查组开展事故调查分析和处理工作，建立质量事故台账，根据相关办法对项目部实施考核，并严格执行奖罚。

(13) 做好相关工程质监站、业主、监理等外部单位的协调工作。

4. 标段项目部

定期向建设指挥部质量管理部报送年度、季度、月度质量管理工作计划、样板验收计划、质量培训计划等各级计划，并按照计划组织实施。

5. 标段项目部项目经理

在工程正式开工15日前，组织编制项目《质量管理实施计划》，报上级单位审核完成后，再报建设指挥部质量管理部审核。审核通过后，标段项目部需对管理人员进行交底。《质量管理实施计划》经过相关程序进行评审、审批后，由项目组织实施，除工程有重大变更或者管理目标有重大调整外，一般不得变更，如确需变更，由标段项目部项目经理提出变更原因和变更方案，按原审核审批程序进行变更方案的审核、审批，按照审批后的方案执行。

12.4 过程质量管控

工程建设质量形成的各个阶段都是一个过程，因此都有一个过程质量的问题。只有对各阶段影响工程质量的各种要素进行管理，保证了过程质量，才能保证工程建设的质量。过程质量管控，主要包括事前质量管控、事中质量管控、事后质量管控三个方面。运用PDCA循环（计划Plan、执行Do、检查Check、处理Act），在过程质量管控中使工程建设质量水平不断上升，保证工程建设质量处于可控状态。过程质量管理流程如图12-2所示。

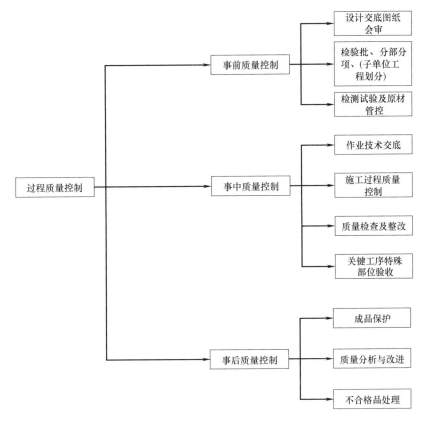

图 12-2 过程质量管理流程图

12.4.1 事前质量管控

1. 设计交底和图纸会审

涉及二次结构、机电安装、装修等工程，由建设指挥部总工程师牵头开展深化设计，对图纸进行细化、补充和完善，进一步明确土建工程与站后工程等专业的施工界面划分，为各专业顺利配合施工创造有利条件，避免出现返工现象。

2. 检验批、分部分项、（子）单位工程划分

分部工程、分项工程、检验批的划分，由标段项目部、监理单位在工程开工前，按照国家、行业、地方相关规范和标准结合工程实际情况，组织专题会议进行划分，最终划分结果报建设指挥部备案。

3. 检测试验及原材管控

标段项目部应配备专职试验人员，试验人员应具备相关的专业知识和资质。同时应建立原材料、半成品试验及工程质量检测制度，明确试验人员及有关管理人员职责，建立原材料进场、半成品台账和试验检测台账。标段项目部质量总监定期对原材料、半成品台账和试验检测台账进行监督检查。标段项目部应将拟委托的试验检测机构的资质报建设指挥部、监理单位审查，建设指挥部、监理单位应审查试验检测机构的资质、仪器、管理等情况，确认符合要求并批准后将试验检测机构的资质报建设单位备案。原材料未经检测验收合格，严禁投入使用。

12.4.2 事中质量管控

1. 作业技术交底

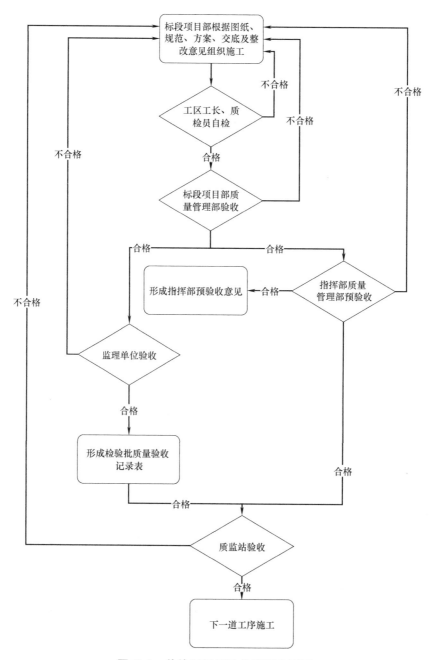

图 12-3 首件制样板验收管理流程图

各分部分项工程开工前,标段项目部总工程师进行技术质量交底时须包括质量要求、质量验收流程、验收标准、质量通病防治措施等内容,标段项目部质量总监在施工过程中必须监督交底书的落实情况。标段项目部应定期组织工程质量要求、验收标准、质量通病防治等方面相关的质量教育、培训和学习活动。

对于工程涉及结构安全及使用功能的工序、部位必须严格执行首件制与样板引路制，将每一分部工程涉及的所有分项工程的第一个检验批为首件验收的对象。首件制样板验收管理流程如图12-3所示。

2. 施工过程质量控制

标段项目部在工序交接中做好"四检制"（自检、互检、交接检、专业检）工作。各施工作业队伍在每天下班前应组织各作业人员对作业内容进行一次认真的质量复核，发现不符合质量要求的，应立即返修、返工。相同施工内容的不同作业班组，共同对施工质量进行互检、互评。每道工序施工完成后，由标段项目部质检人员组织本道工序及下道工序作业班长参加检查和验收。

标段项目部根据工程进展情况开展实体实测实量工作，在实测实量部位按要求张贴标识牌，并对检查结果进行统计分析，统计分析结果每月上报建设指挥部质量管理部。建设指挥部质量管理部将不定期进行抽查。

3. 质量检查及整改

建设指挥部质量检查主要包括例行检查、过程检查、专项检查。例行检查由质量管理部牵头成立检查小组，每月对质量情况进行检查；过程检查由质量管理部对质量情况日常巡检、不定期检查；专项检查由质量管理部对钢筋、模板、混凝土、防水等某一专项工程进行检查。发现问题时下发质量整改通知单，标段项目部必须按时整改，并进行书面回复。针对施工过程中存在的各种质量问题、质量事故隐患，建设指挥部根据其可能造成后果的严重程度实行分级质量隐患管理机制及质量事故通报机制，督促责任单位整改，并跟踪检查。

4. 关键工序、特殊部位验收

标段项目部开工前应依据施工计划、关键路线、技术难点、质量管控要点，编制《关键工序、特殊部位质量监控计划表》。标段项目部每周定期向建设指挥部质量管理部报送下周关键工序验收计划以及本周关键工序自查验收情况。对于一般关键工序，由标段项目部质量总监自行组织验收，建设指挥部质量管理部进行抽查，抽查比例不低于10%；对于具有重大质量、安全风险的关键工序，建设指挥部质量管理部牵头进行全数验收。关键工序验收流程如图12-4所示。

12.4.3 事后质量管控

1. 成品保护工作

标段项目部的分项、分部及单位工程完工后，要采取切实可行的措施做好已完工程的保护工作，避免在竣工移交前出现损毁，影响最终的观感质量和竣工验收质量评定。

2. 质量分析与改进

建设指挥部对收集的质量信息应采用统计技术进行数据分析。数据分析应包含以下方面的有关信息：相关方满意度、与建设指挥部质量管理要求的符合程度。建设指挥部领导班子每季度召开质量检讨分析会，积极寻找改进机会，对影响工程质量的潜在原因，采取预防措施，并于下个季度评价其有效性。

3. 不合格品管理

质量管理部对施工过程中发现的不合格品，建立不合格品（不符合项）台账，并按不合格品控制程序规定进行标识、记录、评价、隔离和处置,不合格品(不符合项)台账定时上报至建设指挥部质量管理部。建设指挥部质量管理部负责建立总承包项目不合格品(不符合项)台账。

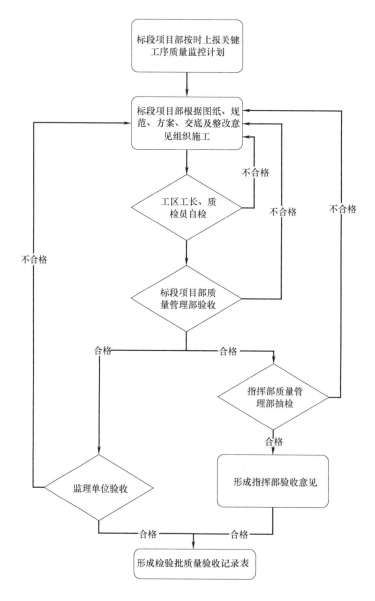

图12-4 关键工序验收流程图

12.5 常见质量通病防治

12.5.1 建筑与装饰系统关键工序质量控制措施——顶墙柱面的开孔洞

全面了解各相关系统和专业需开孔洞的技术要求、施工工艺、施工方法,以及开孔洞的数量和各孔洞的规格。

深化设计中，在进一步完善原概念设计基础上，对顶、墙、柱面的各种孔洞精确定位。孔洞的设计定位不能破坏整体美观，使之成为整体效果的衬托，同时又必须满足相关规范和相关功能要求。根据对孔洞精确定位的外观设计，增加相应次龙骨施工图设计，次龙骨施工图设计关键是预留孔洞的次龙骨安装设计。

根据次龙骨施工图设计，对需开孔洞的相关系统和专业的施工图作相应的修改和调整。使其他需开孔洞系统的管、线一次到位，避免因改动造成的材料、工时损失和对质量、工期的影响。

12.5.2 通风空调与采暖系统关键工序质量控制措施

通风空调系统是建筑工程中一个重要的分部工程，风管制作及安装是其中关键工序，安装质量决定了环控系统能否正常运行的决定因素。在施工中采取以下措施保证风管制作及安装的质量：

（1）风管加工的划线方法可用直角线法。展开方法采用平行线法。根据大样图风管不同的几何形状和规格，分别划线展开，并进行剪切。下料后在轧口之前，板材必须倒角。

（2）风管外观质量应达到折角平直，圆弧均匀，两端面平行，无翘角，表面凹凸不大于5mm；风管与法兰连接牢固，翻边平整，宽度不小于6mm，紧贴法兰；风管法兰孔距应符合设计要求和施工规范的规定，焊接应牢固，焊缝处不设置螺孔，螺孔具备互换性；矩形风管边长大于630mm、保温风管大于800mm时应有加固措施，角钢加固筋应排列整齐、均匀对称固定牢固。

（3）风管直角弯头或边长大于500mm时应在弯头处增加导流片，使气流能够顺利通过，降低风阻。

（4）先按设计图纸提前放好安装线，支、吊架的标高必须正确，支、吊架膨胀螺栓埋入部分不得油漆，并应去除油污。支、吊架不得安装在风口、阀门、检查孔等处。吊架不得直接吊在法兰上。

（5）风管与部件和设备的连接主要用软管连接，材质应为不燃或阻燃材料。风管安装视施工现场而定，可整体吊装也可以分节吊装；一般安装顺序是先干管后支管，竖风管的安装一般由下至上进行。

（6）防火阀的安装方向、位置应正确。防火阀直径或长边尺寸不小于630mm时，宜设独立支、吊架。防火分区隔墙两侧安装的防火阀，检视孔能便于观测、检修、拆卸，距墙表面不应大于200mm。

（7）在风管穿过防火墙体或楼板时，应设预埋管或防护套管，其钢板厚度不应小于1.7mm，风管与防护套管之间，应用不燃且对人体无危害的柔性材料封堵。

12.5.3 给水排水及消防系统关键工序质量控制措施

在给水排水系统施工中，管道连接是施工关键工序，在施工中采取以下措施来保证接口连接质量：

1. 卡箍式钢管连接要点

（1）切断和压槽

1）管材切断时，根据现场测量所需实际长度定尺，用内筋嵌入式衬塑钢管滚槽机断管，保证断口端面与管材轴线垂直，并去掉毛刺、飞边。

2）压槽时，应根据不同规格的管材选择相对应的滚轮，并按压槽尺寸滚出沟槽。

（2）装管

1）装管前应去掉管材连接部位的覆膜层。

2）检查管接口各附件是否齐全。

3）按管件装配说明书附图所示顺序，将螺母、卡环、垫圈、密封环依次装在管材上，然后将管材插入管件承插孔，最后用扳手将螺母拧紧即可。

（3）固定

按要求在各管件受力点处设置管卡固定。宜采用与内筋嵌入式衬塑钢管配套的专用管卡固定，管卡与管材表面接触应紧密，但不得损伤管材表面。

2. 丝口钢管连接要点

（1）管道切割要根据安装的要求及现场安装中的条件进行切割，切割的断面必须保持与管道的垂直度，且切割后须对断面进行清理，去除毛刺及杂物。

（2）套丝时必须保持管道与套丝机具的垂直度。

（3）套丝的深度必须符合不同管径的要求，深度过大的不能一次套丝，必须分2~3次套丝。

（4）套丝后清理丝口的残余杂物。

（5）进行安装前须对套丝部分刷防腐漆，保持镀锌钢管的整体防腐性能。

（6）刷漆中为了保持刷漆端的平整性，可预先缠一段隔断物（如纸条）。

（7）安装中要注意保护好套丝段，以免破坏丝口或镀锌层。

（8）管道安装后，应根据管道的垂直度要求进行调节，但要注意保持调节量不宜过大，否则会影响管道的密封性能。

（9）螺纹连接的管道，螺纹应清洁、规整，断丝或缺丝不大于螺纹全扣数的10%；连接牢固；接口处根部外露螺纹为2~3扣，无外露填料；镀锌管道的镀锌层应注意保护，对局部的破损处，应做防腐处理，刷防锈漆两遍后再刷银粉漆一遍。

12.5.4 动力与照明系统关键工序质量控制措施

由于管线多敷设于吊顶、隔墙内及管道井内，且工程量大，如有差错，返工较为困难，所以是本系统施工的关键工序，采取以下措施严格控制质量：

（1）管线敷设要求管线的材料和规格必须符合设计要求，不得随意变更材质及管径。

（2）配管及其支架应平直牢固、排列整齐，并按规范要求设置固定管卡与接线盒。

（3）吊顶内由金属接线盒引至照明器具间的绝缘导线要用金属软管等保护。软管的长度以不超过2m为宜。安装时软管应适当留有余量，软管与接线盒连接应采用专用接头，以免导线外露。

（4）导线、电缆型号必须符合设计要求和国家标准的规定。管内穿线要留有余量，导线在管内不允许有接头。

（5）同一交流回路的导线应穿于同一钢管内。

12.5.5 供电系统关键工序质量控制措施

1. 变电所大型设备运输

（1）对地铁工程供电系统沿线的交通状况做详细调查，总结交通状况调查报告，为施工组织方案决策提供基础资料。

(2) 根据施工组织设计中对变压器、开关柜、高压电缆等大件设备物资的安装计划，制定详细合理的运输计划和实施方案。

(3) 积极与地方交通管理部门建立联络关系，通过沟通协商，最大限度争取交通管理部门的认可，经济合理地保证工程进度的实现。

2. 变压器就位及安装

(1) 整流变压器采用轨道运输，直接从轨道车直接进入整流变压器室。

(2) 就位前检查确认变压器线圈高压侧和低压侧方向正确。

(3) 将整流变压器放在导轨上，安装时用手扳葫芦、千斤顶、方木等工具将其位置调整正确。

(4) 用厂家提供的螺栓将其牢固固定在与导轨上。

3. 直流设备安装

(1) 1500V 直流设备（包括直流开关柜、负极柜、整流器柜）采用绝缘法安装。

(2) 直流开关柜手车推拉灵活、无卡阻。直流设备柜体与基础间绝缘电阻不小于 1MΩ，以保证框架保护的正常运行。

(3) 直流设备的框架应通过框架保护装置接地。

(4) 设备本体就位后应检查设备本体及设备内的设备或电器与各柜体之间的连接是否紧固，外观有无损坏，绝缘是否良好。

(5) 设备安装位置是否符合设计规定等。

(6) 按设计图纸、产品使用说明书以及有关标准规范进行接线。接线后应对各回路进行校线检查。

(7) 引入盘柜的电缆接线排列整齐美观。电缆芯线应标明回路编号，编号正确字迹清晰。

(8) 所有直流设备的框架应连成一体。整流器与负极柜注意两种设备搭接处安装，安装后绝缘性能需满足要求。

4. 隧道打孔及锚栓安装

(1) 使用先进的激光测量仪，严格按照设计要求进行测量定位。根据现场情况对特殊点的打孔测量进行严格控制，必须满足设计要求，符合设计图纸。

(2) 打孔作业时，由施工经验丰富的工长督促作业人员，保持冲击电钻与隧道壁的垂直，确保打孔质量，一次成形合格率。

(3) 螺栓安装前用清孔刷或气囊彻底清除孔内尘屑。

(4) 锚栓使用专用敲击工具安装，螺栓有安装到位的标记，可目测检查。

(5) 化学锚栓严格按安装程序和规程操作，化学药剂填充要饱满，保证硬化时间。在药剂完全硬化前，严禁触动螺栓。

(6) 按设计要求或业主规定对螺栓进行拉力测试。

5. 刚性悬挂汇流排安装、接触线架设及调整

(1) 汇流排安装前应作好检查，不符合设计规范要求的、外表有损伤的汇流排及其安装零部件一律不用，由施工质检员在施工过程中进行严格把关。

(2) 汇流排均在专用安装作业车上进行安装，车上配备有精调调整器，保证精确对接安装。

（3）接触线由专用放线车敷设，采用注油器注油、架线小车导入，联动控制，以使接触线安装平顺，不会产生硬弯、硬点，接触线无损伤。

（4）刚性接触网采用"初调、细调、综合调整"调整法，满足刚性悬挂高精度安装要求。

6. 接触网支持结构安装

（1）腕臂和垂直悬吊定位、接地跳线、吊弦、隔离开关采用工厂化预配，用计算机提供预配数据。施工作业队严格按照技术要求对垂直悬吊安装底座，单支槽钢，刚性悬挂专用绝缘子等进行安装。电连接、接地跳线、开关引线等由预配车间严格按照技术要求进行预配，再由作业队现场施工人员在技术人员的指导下进行安装。

（2）各类支持装置的安装必须符合设计及规定的标准。

（3）组装用材料及零配件，严格按照"检验、试验"程序进行检验，防止不合格品进入施工现场。

（4）支持装置安装后，要检查其带电部分对接地体的绝缘距离是否符合规定，不符者要进行处理。

7. 环网电缆敷设

（1）电缆支架安装

1）进行严格的材质检验，确保电缆支架、桥架的质量符合要求。

2）在隧道壁，先用水平尺、弹线粉斗等工具划定位线，依定位线来打孔，确保连接件角钢排列整齐。

3）所有钻孔作业，由经过培训过的工作操作，并配套专用的钻头钻孔，按锚栓来设置深度尺。

4）按照设计要求和施工规范，桥架、支架按先调正后固定的步骤进行，确保符合图纸要求。

（2）电缆敷设及固定

1）电缆敷设前，先检查电缆型号、电压、规格及绝缘值是否符合设计要求，其外观有无损伤。

2）根据建设方提供的电缆盘清单，周密合理配盘，尽量减少电缆接头。

3）电缆敷设前，做好详细的敷设计划，并着重提醒工人对电缆的保护工作。

4）电缆敷设采用机械牵引时，其敷设速度不超过15m/min。

5）电缆敷设时电缆从盘的上部引出，不使电缆在桥架、支架和地面拖拉摩擦。

6）电缆敷设到位后，调整其弯曲半径，满足施工规范及设计要求。

（3）电缆终端头及接头制作

1）先组织电缆头制作人员的制作工艺培训。

2）严格检查电缆终端和接头组件及质量保证资料是否齐全，确保其质量。

3）电缆终端和接头的制作严格遵守国家标准及厂家提供的制作工艺规程。

（4）保护管敷设

敷设保护管时在有转弯弧度的地方，对PVC加热煨弯时注意力度，不使PVC管破裂。

8. 电气设备调试

（1）所有试验仪器工具必须经过国家权威计量部门检定认可，并确保在其有效期内使用。

（2）所有试验人员必须持有国家试验计量部门颁发的上岗证。

(3) 试验严格按相关的试验标准、规定、方法进行试验工作。

12.5.6 弱电系统关键工序质量控制措施

1. 电缆支架、管槽、桥架（线槽）敷设质量保证措施

(1) 电缆支架安装要求

弱电电缆支架有两种类型：5托臂和15托臂，材料采用热镀锌钢材。

在线路区间（除车站屏蔽门相同限界区域外）、弱电电缆廊道、出入段线敞开段内使用5托臂弱电电缆支架；在车站屏蔽门相同限界区域内使用15托臂弱电电缆支架。

(2) 管槽安装要求

与通风、上下水管等之间的最小距离：穿管配线平行为100mm，交叉为50mm；绝缘导线明配平行为200mm，交叉为100mm。

埋入墙或混凝土内的管道，离表面的净距不应小于15mm。

进入落地式控制柜的电线管路，排列应整齐，管口应高出基础面不小于5mm。

电线管路弯曲半径：明暗管道均不应小于管外径的6倍，当埋设于地下或混凝土楼板内时，不应小于管外径的10倍。

电线管路中间加装接线盒，应符合相关规范的规定。在TN-S系统中，金属电线管和金属盒（箱）必须与保护地线（PE线）有可靠的电气联接。

明配钢管应排列整齐，固定点的距离应均匀，间距符合规定要求。

钢管进入接线盒及配电箱时，管口露出盒（箱）应小于5mm。明配管应以锁螺母或护圈帽固定，露出锁紧螺母的丝口为2～4扣。

钢管敷设需要外涂防火涂料，在钢管穿越墙体或楼板时需要进行防火封堵。

钢管与设备连接时，应将钢管敷设至设备内，当不能直接进入时，应在钢管出口处加保护软管引入设备，金属软管长度不宜大于2m，管口应包扎严密。

在建筑物的顶棚内敷设时，必须采用金属管、金属线槽布线，吊顶内金属软管长度不应大于0.8m。

线缆若需要在轨道下方敷设时，必须使用镀锌钢管，尺寸为$DN100$。

管道须位于道床的中央正下方。管道应有足够的长度，可以越过轨道及排水沟的倾角，进入埋设的线缆通路。

管道不应位于有钢轨接头、焊缝、其他管道或障碍物的承轨台之间。

在顶棚空隙里、可分开的墙面板后面、凸起地板的下部和不使用浇筑管道和隐蔽管道的地方，需将线缆管道安装在墙上或顶棚的拱腹上，通过电缆槽安装，并终止在深型线缆管道箱中。表面线缆管道不需弯曲或安置进配件中，在其穿墙转向处，需提供背后的引出箱。

所有安装在表面的线缆管道需整洁地在建筑物表面走行，保持垂直和水平，按垂直间距1200mm和水平间距900mm进行充分支撑。在吊顶空隙中的线缆管道，需被吊顶支撑。

(3) 桥架（线槽）敷设

电缆槽需由工厂制造，弯管、T形管和固定配件都需在工厂制造完成。电缆槽需采用低碳钢板制成，符合相关技术标准。电缆槽在穿孔后进行热浸电镀，腐蚀保护符合地铁环境的要求。

电缆槽的宽度、钢板厚度、电缆槽凸缘及弯管或T形管的名义数值见表12-1。

名义数值表（单位：mm） 表12-1

电缆槽宽度	钢板厚度	电缆槽凸缘
300及以下	1.5	35
300~450	1.6	35
450~900	2	35
1000	2	50

桥架（线槽）安装应牢固，保证横平竖直。在有坡度的建筑物上安装时，应与建筑物有相同坡度。电缆桥架（线槽）水平敷设时，直负荷曲线选取最佳跨距进行支撑，跨距一般为1.5m；垂直敷设时，其固定点间距不宜大于2m。应注意桥架的防水保护。

金属桥架（线槽）应有可靠的电气连接并接地。

桥架距离地面的高度，不宜低于2.6m。

桥架（线槽）需要外涂防火漆，在建筑物内开凿必要的孔洞（包括墙上和地面），对线缆防护钢管及孔洞，使用防火材料封堵钢管始末端口、建筑物内墙上及地板上的通信孔洞，防火封堵技术要求如下：

1）钢管端口处：须采用防火胶泥封堵；
2）小于等于400mm×200mm的墙/地面孔洞：宜用防火胶泥封堵；
3）大于等于400mm×200mm的墙/地面孔洞：宜用一块镀锌钢板封堵；
4）大于等于1000mm×400mm的墙/地面孔洞：宜用两块镀锌钢板封堵。

2. 光、电缆测试质量保证措施

（1）光电缆敷设前应进行光、电缆单盘测试；敷设后及接续配线前，进行施工测试；接续配线的测试数据，作为电缆隐蔽记录。

（2）测试单盘光缆的衰减及长度，与出厂测试数据比较。1310nm单盘衰减常数不大于0.38dB/km（部分不大于0.4dB/km），1550nm单盘衰减常数不大于0.24dB/km（部分不大于0.28dB/km）。

（3）特殊电缆，如漏泄同轴电缆、射频同轴电缆、控制电缆、电源电缆和光缆等，应符合招标文件技术规格书要求。

（4）地区市话电缆线路的衰耗，应符合设计规定。在800Hz时不应大于计算值的10%；芯线环阻（换算成20℃时）不应大于规定值的10%；两线间不平衡电阻不应大于3Ω；线间及单线对地的绝缘电阻不应小于250MΩ。

（5）光缆、光纤接续应符合相应规范要求。接续损耗每处不大于0.1dB。

（6）所用区间骨干电缆其产品性能应满足《聚烯烃绝缘聚烯烃护套市内通信电缆》GB/T 13849的规定。主要电气性能指标见表12-2。

区间骨干电缆电气性能指标表 表12-2

项目名称	单位	技术性能指标
导线直流电阻20℃	Ω/km	≤36.6
导线电阻不平衡：平均值/最大值	%	≤1.5/4
绝缘强度（直流电压）：导线间3s/60s 导线与屏蔽间3s/60s	V	2000/1000 6000/3000

续表

项目名称	单位	技术性能指标
绝缘电阻20℃：绝缘芯线间（DC100～500V）	MΩ·km	≥3000
工作电容：平均值 最大值	nF/km	52±2 57
电容不平衡：线对之间 线对对地 最大个别值	pF/km	≤200 ≤490 2630
固有衰减20℃：150kHz/1024kHz 标称值 平均值与标称值	dB/km %	4.5/11.7 −10～+5
远端串音防卫度（150kHz）：功率平均值 任意线对组合（不小于）	dB/km	≥68 ≥58
近端串音衰减（长度大于300m）：1024kHz 线对间全部组合（不小于）	dB	≥58
电气参数变异	对	1
绝缘线芯混线、断线	—	不混线、断线
屏蔽铝带电气连续性	—	全长电气导通

（7）全程指标应符合设计规定。测试手段及所用实验装置与测试设备应符合施工验收规范规定。

3. 光、电缆敷设质量保证措施

（1）电缆、漏泄同轴电缆、射频同轴电缆的敷设

电缆的类型、制式、结构、电缆特性符合设计规定。

电缆连接需尽量减少使用焊接方法，焊接只可用于导体终止。电缆和电线则需采用更灵活的方法终结。电缆与电缆不能直接互相连接，连接电缆唯一允许的方法是在终端或接线盒内连接。

除特定光缆（PIS区间轨旁设备光缆、商用区间轨旁设备光缆等外），光缆不得中途断开后接续。

隧道内电缆支架安装位置应符合设计规定。漏泄电缆在支架上和在隧道壁上的位置符合设计要求。漏泄电缆分歧部分、接续部分符合施工验收规范要求。

地区电缆径路复测应包括以下内容：丈量线路长度和标高相关地形情况、核对标桩位置、确定电缆防护的施工方法、核实地下管线和障碍点情况、确定土质情况。

本工程所用车站内市话通信电缆供车站、主变电站内用户公务及调度通信使用，采用10×2×0.6、20×2×0.6、30×2×0.6、50×2×0.6的铜芯实心聚烯烃绝缘+双面涂塑铝带黏接PE护套+双面附塑轧纹钢带+聚乙烯外护套的不带铠装的全塑通信电缆。敷设方式为直埋、管道。电话机配线采用2×2×0.6的铜芯实心聚烯烃绝缘+铝箔+聚乙烯护套的通信电缆。

地区电缆敷设时，不得损伤电缆外皮。铅包电缆的弯曲半径不得小于电缆直径的7.5倍，电缆余长相应规范要求。

漏泄同轴电缆接续应牢固，排列正确、平直，电气性能良好。环线电阻、耐压强度、绝缘电阻、传输损耗应符合技术条件的规定。

各种电缆接头防腐处理工艺应符合设计规定。

各种电缆的余长（引入、接头处）应符合设计规定。其中接续后余长为1.5m。

（2）广播电缆、时钟电缆、电话电缆的敷设

电缆规格、型号、电气特性必须符合设计要求。

敷设电缆时电缆弯曲半径应大于电缆直径的15倍，电缆余长符合安装手册要求。

广播电缆敷设按《公共广播系统工程技术规范》GB 50526执行，单独穿管敷设。

电缆穿管道宜涂抹黄油或滑石粉，以免损伤电缆。

地下车站所有分支电缆应用钢管防护。

（3）网络电缆的敷设

除遵守《综合布线系统验收规范》GB 50312的有关条款外应还能满足下列条件：

管道内阻塞或进水影响布线，应疏通管槽、清除水污后布线。

应检查光纤连接器性能保证信号输出。

保护钢管（或电线管）型号规格，应符合设计要求，壁厚均匀、焊缝均匀、无劈裂、砂眼、棱刺和凹扁现象，外表完整无剥落现象。

各类跳线、接线排、信息插座、光纤插座等型号规格，数量应符合设计要求，其发射、接收标志明显。

屏蔽接地线截面、色标应符合规范规定；接地端连接导体应牢固可靠。

非屏蔽4对电缆弯曲半径为电缆外径的4倍，屏蔽4对电缆弯曲半径为电缆外径的10倍。

（4）屏蔽电缆的敷设

电缆的类型、制式、结构、电缆特性符合设计规定。

电缆支架安装位置符合设计规定。电缆在支架上的位置符合设计要求。电缆分支、接续符合施工规范要求。

电缆敷设时，不得损伤电缆外皮。铅包电缆的弯曲半径不得小于电缆直径的7.5倍，电缆余长符合《铁路运输通信工程施工质量验收标准》的TB10418有关规定。

各种电缆接头防腐处理工艺应符合设计规定。

各种电缆的余长（引入、接头处）应符合设计规定。其中接续后余长为1.5m。

（5）电缆的防护

地下车站所有分支电缆应用钢管防护。电缆穿越轨道，穿越道床轨道的防护管两端应超出轨枕头500mm以上。

（6）电缆的接续

接续方式采用热缩套管接续。接续时电缆芯线不得有任何损伤。

综合扭绞电缆接续应按、端相接，相同的芯组内颜色相同的芯线相接。

电缆接续时，电缆的备用量长度不得小于2m。

电缆的接头应水平放置，接头两端各300mm内不得弯曲。

电缆接续点，统一设置电缆接续卡。接续卡要标明电缆的去向、电缆的芯数、接续点的坐标里程以及接续时间等。

电缆接续完毕，应及时进行芯线导通和芯线对地、芯线间绝缘电阻值的测试。

（7）光缆的敷设

光缆的类型、制式、结构、光纤特性符合设计规定。

保证光纤外护套不得有损坏，容许最小弯曲半径不小于护套外径的15倍，接头处密封

良好。

（8）光缆施工前的检验内容

应包括以下内容：

包装标记、端别、盘号、盘长、外观。

根据光缆的出厂测试记录，审核光纤的特性是否符合设计要求。

测试单盘光缆的衰减及长度，与出厂测试数据比较。

检查测试完毕后，端头应密封固定，恢复包装。

光缆接头盒及其附件符合衰减要求。光缆引入、接续余长符合设计规定。

光缆、光纤接续应符合相应规范要求。接续损耗每处不大于0.1dB。

区间光缆敷设方式为：地下隧道区间内在弱电电缆支架上敷设，地下车站内在桥架内或弱电电缆支架上敷设，车辆段/停车场内在通信管道或桥架内敷设；控制中心通过弱电电缆廊道与之相连，区间光缆敷设在弱电电缆廊道通道中的弱电电缆支架和桥架上。

区间及室外光缆引入通信机房配线架前，要用光缆终端盒对引入光缆进行绝缘处理。光纤引入终端方式及安装位置应符合设计文件规定。

4. 电缆配线质量保证措施

电缆的类型、制式、结构、电缆特性应符合设计规定。

电缆导体需选用经电退火处理的高导电性的铜，并绞成束。不得使用铝导体。

电缆导体需是平滑的、质量均匀的，无锈迹、不规则、溢出、裂开及其他缺陷。在单独的导体束之间需无接驳点。

所有电缆使用的材料需是防火的；即使燃烧时，也必须是低烟和无毒化物的。

所有室外线缆包括隧道必须具备铠装。

两个设备机柜之间的互接电缆的电缆屏蔽需是一端接地，另一端对设备机柜绝缘。电缆屏蔽终端需使用分开的屏蔽端子。

互接多芯电缆需尽可能使用标准多头式插头/插座。锁闭机构需与连接器连成一体，以保证互接安全。

电缆桥架内每根电缆隔50m处，电缆的首段、尾端及转弯处应标记，注明电缆编号、型号、规格、起点和终点，标示方法得当。

5. 设备安装

（1）设备型号、规格符合设计及供货合同规定。内部设备接（插）件（盘）完整，符合施工图设计。

（2）设备安装位置符合设计要求。机架（柜）安装与地面垂直、平稳。安装后机架（柜）倾斜偏差应小于机架（柜）身高的千分之一；通信机房全列机架正面偏差不应大于2mm。

（3）机架、机柜固定符合设计规定。固定螺丝、垫片和弹簧垫圈应按要求紧固，不得漏装。

（4）机架（柜）内设备、部件安装应在机架（柜）定位并加固后安装，安装牢固、端正，符合安装手册要求；机架布线无混线、断线、活头，机架内无遗漏的焊锡渣、芯线头及其他杂物，机架内元器件和印刷电路板应齐全、完好，元件无缺损，安装电路板位置正确。

（5）各种通信控制（操作）台、各种工作（操作）台安放位置、方向应符合设计规定。控制台应保证台面水平，附件安装完整。台内接插件和设备接触可靠，内部接线符合设计及安装手册规定。台面整洁、无划痕。

（6）机柜和盘台的接地应该牢固良好。装有电器设备的可开启的盘、柜门应该以软导线与接地的金属构架可靠地连接。

（7）柜体和盘台的上方不应敷设管道，屏底座周围应采取封闭措施，并能防止鼠、蛇等小动物进入箱内。

（8）引进机柜内或盘台内的控制电缆应排列整齐，避免交叉，电缆型号、规格应符合设计要求。电缆固定牢靠，不得使所接的端子排受到机械力。电缆头一般宜固定于最低端子排下150~200mm处。电缆应按设计编号的要求挂牌，挂牌应为永久性标志。

（9）电源设备及接地装置安装：

电源设备类型容量和安装位置符合设计规定。设备附件齐全、完整。设备安装平稳，固定牢靠。

各种电源配线规格、敷设路径和走线固定方法符合设计规定及安装手册要求。配线用吊架、支架加工、安装符合安装手册规定。

电源配线无损伤、扭绞交叉现象。铅包电源电缆转弯半径不得小于其外径的10倍。铅包配线和橡皮绝缘电缆的最小弯曲半径不得小于其外径的6倍。交直流配线应分开布放，不得绑在同一线束内。

接地装置的种类、接地电阻阻值、用材规格、引入方式符合设计规定。

6. 室内外配线

（1）配线的规格型号及敷设方式符合设计规定。

（2）配线用线、缆应完整，无破损、发霉、受潮现象，芯线应无错线、断线、混线。配线（缆）不弯曲、不皱，封头良好。施工前应进行对号、环阻、绝缘测试，测试结果必须满足衰减要求并记录。

（3）配线正确，无错、漏现象。不同电压等级的配线应分开布放，电源线和数据线不得绑在同一线束内，不得在同一线槽或线管内敷设。

（4）配线电缆在室内走线架上敷设，编扎应按机架、机列顺序平直排列正确，互相靠拢，不得起伏不平、扭绞和交叉，绑扎线扣应正确一致。

（5）室内电缆走线架的安装、制作应符合《铁路运输通信工程施工质量验收标准》TB10418中有关规定。走线架安装位置与设计规定位置偏差不大于50mm。相邻走线架水平偏差不大于3mm。

（6）配线焊接牢固。扭结正确、密实。

（7）设备机柜/外罩内部的所有内部配线需在电线护套内走线，并编在一起进入电路，对相关电路的编组分开识别。

（8）电源线与信号线在同一竖井或桥架内敷设时，应分别在竖井的两侧敷设或采取隔离措施。

（9）线缆通向设备外罩需使用密封管，并使用可移动的密封管盘，允许线缆整洁、有序地敷设、安装，并方便将来更改。

（10）供电和信号电缆的配线需在电线护套中分别走线。

（11）所有端子和线缆编号需根据相关连接图进行识别并标记。连接图在各个门的内侧显示。所有的备用电缆需成环，放置在设备罩内方便的位置。所有的备用电缆也需贴有电缆标记的标签。

（12）接线盒需包含使用不熔绝缘线连接的直通端子或连接器。不允许使用弯边螺栓直接与单线或多股线相连。所有接线盒需标明它们的电路的名称，标记所在的排列以识别每一处连接。

12.5.7 轨行区支架安装质量控制保障措施

1. 区间支架安装质量控制措施

（1）支架的制作遵循设计图纸及国家的有关规定和标准制作。支架按照设计和国家现行有关标准要求进行接地。

（2）电缆支架及其连接件和附件的质量符合国家现行的有关技术标准。

（3）依据施工图进行支架安装，确保排列整齐、工艺美观。合理布置转角处的支架。同一层托臂处于同一平面。

（4）所有固定螺栓从里向外安装。

（5）紧固件抗震、耐腐蚀。

（6）区间支架安装严禁侵界。

2. 区间支架安装质量保证措施

（1）支架安装前由技术工程师对施工人员先进行技术交底，并且对照图纸使施工人员将支架的安装径路熟悉掌握，对于不同区域应使用不同的支架并做好详细的记录。

（2）区间支架使用先进的测量仪器进行定位测量，以减小测量误差。根据现场情况对定位点的钻孔测量进行严格控制，套用钻孔模板，画出钻孔孔位。使用钢筋探测仪探测钻孔范围内是否有钢筋，以便适当调整避开钢筋，在端部定位和道岔定位处小量调节以避开主筋。

12.6 样板管理

"样板"是建设指挥部和标段项目部有目的施作的、能够较好满足质量标准和功能要求，具有推广价值的工艺工序。"样板"也是一种有效的施工管理方法。把"样板"作为实物进行质量技术交底，使工程项目施工的质量目标和验收标准一目了然，有利于提高项目参与人员的质量意识。因此每个分项工程或工种（特别是量大面广的分项工程）都要在开始大面积操作前做出示范样板，统一操作要求，明确质量目标。

"样板"主要包括样板模型、工程实体样板和样板工序/段。考虑到地铁施工场内环境和成本因素，标段项目部视情况确定是否设立样板模型展示区、工程实体样板展示区，主要以样板工序/段管理为主，本书着重介绍样板工序/段管理。

12.6.1 样板工程管理小组

建设指挥部成立样板工程管理小组，成员包括：

（1）组长：指挥部常务副指挥长。

（2）副组长：指挥部质量总监。

（3）组员：指挥部质量部经理、指挥部机电管理部经理、指挥部质量工程师、指挥部驻地工程师、指挥部各专业工程师。

管理小组不定期检查施工过程质量控制情况并参与样板工程验收。

12.6.2 样板工序/段定义及范围

1. 样板工序/段定义

样板工序：各系统专业中主要施工工序、关键工序，在全线率先施工的作业工序并严格按图纸设计和规范施工，经样板工程管理小组评选为标段/全线具有代表性和推广的样板工序。

样板段（样板设备房）：各系统专业主要的或有代表性的施工部位严格按图纸设计和规范施工且经样板工程管理小组评选为标段/全线推广的样板段（样板设备房）。

样板站：各标段最先开工并进行样板工序施工及验收的站点。

2. 样板范围

（1）车站场地标准化建设样板（包括但不限于）：场地围挡、保安亭、临时设施、场地建设（含场地道路）、临时通道、车站视频监控及应急广播系统、到货设备（材料）的现场存放管理、成品保护、"八图二牌"、CI宣传、临时用电、临时用水（含临时消防设施）、临边防护。

（2）常规设备/材料/安装工程样板：风管制作及安装、穿墙风管的封堵、风管保温、冷水机房及空调机房BIM排版、冷水机房及空调机房工艺管道工程、消防栓安装、消防管道安装、电缆桥架安装、配电箱（柜）内接线等。

（3）综合管线样板：综合支吊架深化设计、安装，管道、桥架安装（含弱电）。

（4）变电所样板：牵引降压混合所。

（5）接触网样板：接触网刚性悬挂工程。

（6）环网样板：环网支架。

（7）通信系统样板：通信设备房内设备、桥架安装及电缆成端等。

（8）综合监控系统样板：车控室内管线、桥架、箱柜及设备安装、成端等。

（9）建筑装修工程样板：砖砌体、离壁墙、乳胶漆、环氧树脂地面、防火封堵、防火玻璃、防火门及防火卷帘、防盗卷帘、陶瓷砖、防静电架空地板、挡烟垂壁、站台绝缘层、金属天花、花岗石、再造石板/人造石、成品栏杆、搪瓷钢板、不锈钢装饰面等。

3. 样板具体要求

（1）空调专业样板包含但不限于以下内容：

1）法兰制作、风管成型、法兰与风管拼接、风管拼接、漏光检查、风管保温、风阀、风口及其连接、支吊架制作安装。

2）要求样板段的长度不少于：排烟风管20m、空调送风管20m、空调冷冻水管20m。

3）柜式空调器、一台风机盘管、一台回排风机、一台区间射流风机。

（2）给水排水及消防专业样板包含但不限于以下内容：

1）消防管道：管道支架、管道卡箍、消火栓、喷头的安装、弯头、三通、阀门、管道的压力试验、管道的冲洗、总长度不应少于50m，区间和站内要求各做一段。

2）污、废水泵：水泵基础、水泵的安装、弯头、三通、阀门等。

（3）电气专业样板包含但不限于以下内容：

1）车站直线段及曲线段电缆桥架样板安装（20m）。

2）区间电缆支架、配电钢管样板安装（20m）。

3）车站明敷配电镀锌钢管样板安装（20m）。

（4）建筑装修工程样板包含但不限于以下内容：

1）二次砌筑样板：墙面孔洞深化排版；构造柱、圈梁植筋，构造柱、圈梁钢筋绑扎，二次墙体砌筑、模板安装、混凝土浇筑及孔洞的预留、墙面抹灰、墙面乳胶漆、地面铺贴，设备基础，排水沟制作（含防水），测量放线等。

2）公共区样板（共性区，一般至少两跨柱距）：天地墙综合管线及装饰装修工程主要包括：①装饰装修：含地面石材、离壁沟、墙面装饰板、公共区顶棚、柱面装饰板；②常规设备：含吊顶以上综合管线、地面疏散指示、不锈钢栏杆、灯带、灯具、广告灯箱。

3）公共区样板（个性区）：顶棚上方综合管线及铝顶棚板安装。

4）公共区卫生间样板：卫生间深化排版，墙地面陶瓷砖铺贴，卫生间隔断、铝顶棚板、洁具及灯具等安装。

5）出入口通道及出入口上盖样板：出入口上盖深化设计图纸，出入口雨篷施工，通道天地墙面施工（含风水电、弱电及装修）。

6）站厅楼梯栏杆：站厅到站台楼梯止灰带、踏步、不锈钢栏杆施工。

（5）管线综合共用支吊架样板包含但不限于以下内容：

站厅层做一段综合管线支吊架，要求支吊架满足经甲方、设计认可的综合管线施工图（深化设计后）的要求。

（6）供电工程样板包含但不限于以下内容：

1）接触网样板：①安装长度：接触网安装一个锚段，约250m；②安装内容：锚栓、悬挂、绝缘子、汇流排、接触线及架空地线安装。

2）环网样板：①安装长度：长度不少于20m；②安装内容：支架和接地扁钢安装。

（7）弱电系统样板包含但不限于以下内容：

1）电气通用：线槽、线管、过线盒、设备底座的安装，光、电缆及区间漏缆的敷设，线缆挂牌工艺以及防火封堵。

2）综合监控FAS系统：感温光缆、感温光纤的敷设，烟感、手报、壁挂电话、声光报警器的安装。

3）综合监控BAS系统：BAS远程控制箱的安装与成端，温、湿度传感器，二氧化碳传感器的安装。

4）综合监控ACS系统：门禁就地控制箱的安装与成端；开门按钮、破玻按钮、读卡器、门磁门锁的安装。

5）通信终端设备：摄像机、天线、广播、乘客信息显示屏、子钟、各类信息显示屏的安装。

（8）在上述工序全面铺开施工前，务必先实施样板，样板施工完毕经现场确认后方能实施。装修样板段实施，分为设备区样板段和公共区样板段，两个样板段可根据施工进度分期实施。

12.6.3 样板工程实施流程

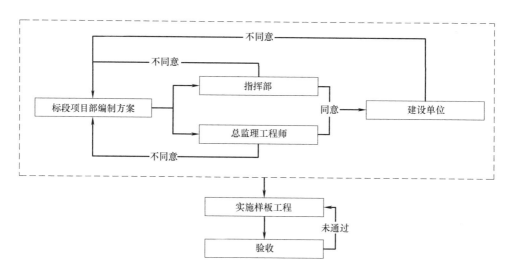

图 12-5　样板实施流程图

1. 申报

施工单位进场后结合本标段现场实际情况、所包含的各专业特点、本标段特色提出样板工程实施范围、工艺选择、材料选择及工期安排，报指挥部认可后方可实施。实施申报表附件应包含样板工程工期计划、施工方案（含施工工艺）、材料选用等详细内容。

车站工程（含机电安装、公共区装修、出入口、风亭、冷却塔等）：施工单位在进场后2周内提交申报表，机电管理部在3个工作日内审核，如不合格则施工单位在3个工作日内修改完善再次提交，此次提交为最终版，应符合要求不得再做修改，指挥部3日内审批完成确认。

2. 实施

施工单位进场后，应先根据相关法规、规范、招标文件要求，制定安全生产责任制，完善施工场地内的安全防护措施，搭建好临水、临电、临时消防等设施，安全管理机构人员已到位，经驻地工程师检查验收合格，认可具备进场施工条件后方可开展施工。施工单位应根据经指挥部审批，认可后的样板工程施工计划、方案实施。

所有材料进场前均须经现场确认并封样，对不满足招标文件及设计文件要求的材料严禁进场。

3. 验收

每个标段的样板段施工完成后，由样板工程施工验收组对已完成的样板工程进行验收。

验收依据：经审批后的样板工程实施方案、施工图会审答疑文件、施工图及深化设计图、施工标准及相关验收规范。

验收人员按照专业分组对现场进行检查，并根据实际情况填写样板工程验收检查表。验收主要针对样板工程中工艺、材料选择等方面进行。样板工程材料选用、施工工艺必须与申报的相符。

同一时期招标并实施的各施工标段的样板段经验收后，将评选出施工工艺、材料选择最优秀的施工标段，作为其他标段施工的标准，同时对该标段进行通报表扬。

样板工程验收中不符合验收要求的，无条件返工，并须在规定时间内整改完成，直至验收合格为止。由此造成的工期延误等一切损失，由施工单位自行负责，不另作调整。

12.6.4 成品与半成品保护

1. 原材料及设备的保护措施

（1）根据设备及材料进场计划，准备好充足的材料堆场及材料库。

（2）施工材料不得随地乱放，不得在板材上乱划，保温材料要放置在隔潮的垫架上，叠放整齐，不得直接堆放在地上。设备主体及钢材、阀门等附件和部件分类整理堆放整齐，禁止露天放置，采取防雨措施，防止生锈。暂时不使用的设备及材料应用防火布遮盖，避免污染。

（3）对易受潮及贵重物品应及时入库保存，尤其是电气设备及精密阀门。

（4）暂停施工的管道、设备要将管口封闭，防止杂物进入。

2. 原材料及设备的搬运措施

（1）在设备及材料的搬运工程中要轻拿轻放，不得随意在地上拖行。

（2）在设备及材料的搬运工程中，尽量保留原包装，并按物品的规定放置方向搬运及码放，按要求的吊装方式进行吊装。

（3）对电缆、配电设备等要准备平整的放置场地，以防对设备造成损伤。

（4）运输阀件等设备材料时，避免由于碰撞而产生的阀门执行机构变形、电气设备仪表等受损。

3. 施工过程中的保护措施

（1）加强对作业人员的成品/半成品保护意识的教育，爱惜公共财产。

（2）交叉作业的场地严禁利用安装完的管道、桥架作支吊架，不允许其他支吊架焊接在已安装的支吊架和管道上。

（3）设备开箱后，对暂时不能安装的设备和零部件要放入临时库房，并封闭管口及开口部位，以防掉入杂物等。

（4）对易损易丢失原件，有保护箱的应及时落锁，无保护箱的应在施工后期集中安装。

（5）在预留预埋阶段应按规范施工，做到及时配合、隐蔽，在砖混结构上开槽时应使用专用工具。

（6）在支吊架安装时，根据依附的结构采用最适宜的方式，用膨胀螺栓、锚栓等安装时采用措施不伤及结构主筋，不破坏防水层。

（7）在装饰阶段与装饰单位做好配合，封顶前做好吊顶内的工作，尤其是管道试压必须在封顶前完成。

12.7 质量创优管理

12.7.1 创优策划

标段项目部应在开工前根据施工合同及上级相关单位的要求确定创优目标，并在实体工程正式开工后60天内，由项目经理组织编制项目《质量创优实施计划》，逐级分解创优目标，经上级单位完成审核后，报建设指挥部质量管理部审核。审核通过后，标段项目部需对管理人员进行交底。

建设指挥部质量总监牵头汇总、编制《质量创优总体实施计划》，经指挥长审批后发布实施。

为更清晰地展现创优过程中的各个环节，提高创优工作的推动进展，建议将创优工作分解为"市优、省优、国优"三个阶段，创优目标分解可参考图12-6。

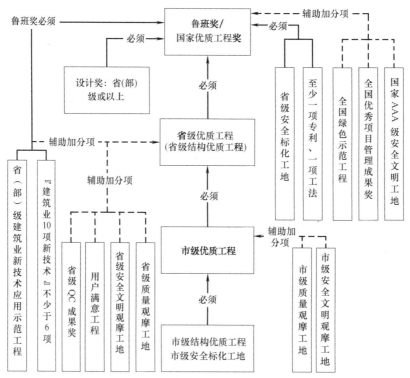

图12-6 创优目标分解示意图

12.7.2 创优实施

1. 建立健全创优工作实施机构

为确保各项创优指标在规定时间节点内完成，建设指挥部成立创优领导小组及创优工作小组。创优领导小组由建设指挥部领导组成，对创优工作全面负责；创优工作小组由建设指挥部各部门经理、标段项目部分管领导组成，主要负责创优工作的具体推进。

2. 创优工作考核

标段项目部严格按照《质量创优实施计划》中的要求进行落实，施工过程中严格建设指挥部每季度对标段项目部进行创优推进情况考核，出具考核通报。

12.8 质量投诉与事故处理

12.8.1 投诉处理

政府部门、建设单位、监理投诉到建设指挥部，建设指挥部质量总监组织相关人员进行现场核实并约谈标段项目部项目经理和相关责任人，督促出具相关处理方案，处理完成后，经政府、建设单位及监理核实后报相关投诉单位。

12.8.2 事故调查与处理

根据相关文件要求，质量事故主要分为一般质量事故、较大质量事故、重大质量事故、特别重大质量事故4个等级。为便于更精细化管理，在一般事故以下的，定义为质量事件，分为3个等级，分别为：质量事件苗头、一般质量事件、险性质量事件。质量事故发生后，应及时进行信息报送。总体上遵从"信息全报、分级处理"的原则报送，过程中坚持"首报要快、续报要准、终报要全"的原则，对外报送遵照"快报事实、慎报原因"的原则。应采取有效措施，防止事态扩大，通知标段项目部负责人、建设单位、监理到场按照相关质量管理条例组织研究处理方案并将事故处理过程中工程质量事故处理表、质量事故处理记录报至标段项目部负责人、建设单位、监理进行核查；责任追究处理依照"事故原因未查清不放过、责任人员未处理不放过、责任人和群众未受教育不放过、整改措施未落实不放过"原则处理后续事宜，建设指挥部应全程参与处理过程。

12.9 考核与奖罚

12.9.1 考核

建设指挥部成立质量考核领导小组，由建设指挥部领导班子、各部门负责人等相关人员组成。建设指挥部质量部按月度对标段项目部进行质量考核、评比、排名、奖罚。标段项目部月度考核总分，由建设指挥部月度检查评分、第三方检查评分、日常工作评分三部分组成。其中，第三方检查评分包括政府部门、建设单位、监理。

12.9.2 奖励

建设指挥部对在质量管理过程中标段项目部质量管理效果进行分级分类奖励。质量奖励包含组织行为类（现场质量管理、综合管理等）、考核评比类（建设指挥部、政府、建设单位、监理评比等）、目标指标类（QC成果指标、创优指标、观摩指标等）三种。质量奖励方式主要包含经济奖励、组织奖励两种方式。对于各级政府部门、建设单位对项目的奖励，建设指挥部将对相关标段项目部进行双倍奖励。奖励需具体落实到个人，由相关标段项目部造表，现金下发由建设指挥部监督执行。

12.9.3 处罚

质量处罚包含组织行为类（质量管理体系、隐蔽工程验收、施工测量、事故报告处理制度、质量整改、质量投诉、综合管理等）、考核评比类（建设指挥部、政府部门、建设单位、监理评比等）、实体质量问题类（土建工程质量处罚、站后工程质量处罚等）、目标指标类（项目指标文件、项目专项责任状等）、质量事故类（一般质量事故、较大质量事故、重大质量事故、特别重大质量事故等）五种，质量处罚方式主要包含经济处罚、组织处罚两种方式。对于各级政府部门、建设单位对项目的处罚，建设指挥部将对相关标段项目部进行双倍处罚。处罚需具体落实到个人，现金缴纳，由建设指挥部监督执行。对未完成目标指标，未履行岗位职责存在质量隐患、发生质量事故（或未遂事故）的单位或相关负责人给予相应处罚；对于严重问题，直接扣除质量保证金；对于存在严重质量问题、质量管理失控的标段项目部，建设指挥部将对其进行约谈。

13 三权移交及试运行管理

地铁试运营前,要进行不少于3个月的不载客试运行,地铁试运行期间不对外开放,空载试运行结束并通过开通评估后将开展为期一年的试运营,在完成尾工建设、缺陷问题整改后,轨道交通运营单位可向主管部门申请正式运营。地铁空载试运行是保证运营安全、提高服务水平的需要。空载试运行的主要目的是在投入运营之前保证设备系统之间、人与设备系统的充分磨合,提升设备系统的稳定性和可靠性,锻炼人员的业务技能和故障应急的处理能力,提高运营服务水平。通过试运行的磨合,设备系统基本稳定,人员符合要求、运作机制健全、规章制度完善,列车运行图兑现率、列车正点率、关键设备故障率等指标达到《城市轨道交通试运营基本条件》的要求。

13.1 三权移交管理

13.1.1 三权移交的内容

在工程初验整改完成后、综合调试的中后期,联调方将全线控制权、管理权和指挥权移交给地铁运营单位。调试安全保卫体系将向运营单位安保部门移交控制权并从全线各站撤出,各站值班员向运营单位综控员移交各站的调度管理权,中心调度室向运营单位调度部门移交行车调度、电力调度指挥权。

三权移交后,联调方继续派计划调度员与运营单位调度人员组成联合调度小组,参与联合调度办公。联合调度办公期间。联调方的计划调度员服从运营单位的工作部署和安排,对工程前期的施工建设情况、调度管理情况、动车调试情况等相关内容进行详细的交底和帮助,协助运营单位完善工程调度管理、行车调度管理以及供电调度管理。对于工程前期暴露出的问题和隐患、项目中重大危险源的识别,对运营单位做充分交底,提高联合调度管理的效率和效果,并协助工程试运行期间的各专业承包商施工、调试作业申请进行管理、审批,确保线路顺利开通试运营,"三权移交"标志地铁建设正式由建设专项运营。

13.1.2 三权移交前置条件

1. 土建专业

(1) 车站主体结构及区间完成施工,并提供验收报告;
(2) 各车站至少一个出入口具备安全通行条件,其余出口具备封闭条件;
(3) 各车站站厅层站台层装修基本完成,封闭完成;
(4) 全部管理用房、设备用房装修完成,具备使用条件;
(5) 车辆段各建筑设施投入使用,具备基础生活条件。

2. 轨道专业

（1）完成对线路、接触轨、道岔等设备及附属设备的安装、调试工作，并提供线路设备初验报告；

（2）提供钢轨探伤报告；

（3）提供其他专业在钢轨上进行焊接、栓接的探伤报告；

（4）安全标志、疏散标志、信号标志、线路标志、停车标志齐全。

3. 常规机电专业

（1）水量、水压满足生产、生活、消防用水要求；

（2）饮用水达到卫生标准，并提供水质检验合格报告；

（3）提供给水设备安装、调试报告；

（4）提供给水管网打压测试报告；

（5）排水系统投入使用，并提供排水设备安装、调试报告；

（6）动力与照明系统具备照明条件；

（7）通风空调系统安装完成，投入使用。

4. 供电专业

（1）外电源引入具备试运行条件；

（2）供电系统调试完成，试验报告齐全，通过预验收，并提供预验收报告；

（3）牵引供电系统具备构成双边供电和大双边供电方式的能力和条件；

（4）完成本所电力监控系统的测试，提供测试报告并投入使用；

（5）实现杂散电流防护功能，并提供测试报告；

（6）储能式吸收装置投入使用。

5. 调试专业

（1）全线及车辆段等行车线路完成限界测量，并提供测试报告；

（2）冷滑结束，完成热滑试验，提供热滑报告；

（3）完成隧道冲洗，达到无扬尘的标准。

6. 信号专业

（1）完成列车ATP功能调试；

（2）提供ATP调试报告；

（3）实现车辆与安全门联动功能；

（4）实现信号与安全门连锁功能；

（5）提供联动、连锁测试报告；

（6）ATS具备与行车相关的基本功能；

（7）提供ATS与行车相关的基本功能调试、调试测试报告；

（8）取得信号系统允许空载试运行安全授权书。

7. 通信专业

（1）无线通信设备安装完毕，投入使用，并提供初验报告；

（2）专用通信设备安装完毕，投入使用，并提供初验报告；

（3）时钟设备安装完毕，投入使用，并提供初验报告；

（4）广播设备安装完毕，投入使用，并提供初验报告；

（5）电视监控设备安装完毕，投入使用，并提供初验报告；

（6）集中告警设备安装完毕，投入使用，并提供初验报告；

（7）完成与相关专业的调试，达到设计要求，投入使用，并提供初验报告；

（8）无线通信系统完成场强覆盖测试，并提供无线通信系统场强测试报告。

8. 综合监控专业

（1）综控室实现对安全门的监视功能；

（2）控制中心实现对安全门系统的监视功能；

（3）控制中心、车站综控室实现由综合监控系统对相应机电各系统设备的集中监控与管理；实现由综合监控系统对相应CCTV系统设备的集中监控与管理；实现由综合监控系统对相应广播系统设备的集中监控与管理；实现由综合监控系统对相应PIS系统设备的集中监控与管理；

（4）控制中心、车站综控室实现由FAS系统对相应机电各系统设备的集中监控与管理；

（5）控制中心实现由综合监控系统对供电各系统设备的集中监控与管理；

（6）车站综控室实现由综合监控系统对供电系统设备的集中监视。

9. 安全门专业

（1）完成安全门单系统调试，并提供调试报告；

（2）完成安全门现场开关门稳定性测试，并提供测试报告；

（3）安全门系统完成与综合监控系统联合调试，完成与指挥中心系统联合调试，达到设计及使用功能，并提供测试报告。

10. 火灾报警专业

（1）FAS具备报警功能，并提供FAS报警功能调试报告；

（2）消防设备具备原地启动功能，并提供消防专用设备的调试记录。

11. 其他专业

完成调试工作，提供初验报告。

13.1.3　三权移交工作原则

（1）在建设单位统一领导下开展交接工作。

（2）原则上以工程作为整体，由建设管理单位向运营单位进行移交。结合工程建设实际和运营需求，可按调度指挥权、设备使用权、属地管理权三个类别，分区域/属地、分阶段完成三权移交接管工作，但应以区域/属地为整体同步进行三权交接。

（3）交接工作由各专业交接组具体开展。交、接双方按各自既有设备设施管辖职责、工作职责的划分等，对轨行区、车站、控制中心、停车场、各设备系统、工器具、备品备件、钥匙、技术资料等一一对口对接，明确交接条件、交接范围、制定具体实施方案。

（4）对所有设施设备的移交，交接双方应详细核查所移交设施设备的实际状态，并在相关移交文件中详细记录描述，对于交接过程中产生的具体问题，由双方协商解决。

13.1.4　三权移交交接程序

交接程序如图13-1所示。

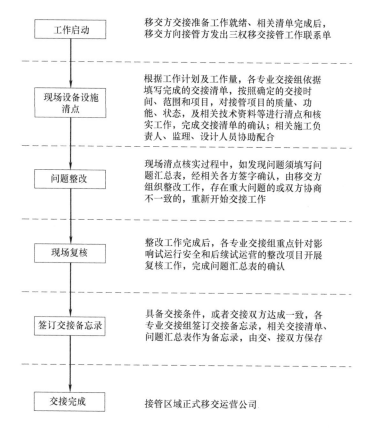

图 13-1 交接程序图

13.2 试运行管理

试运行是指在完成系统综合联调后，按照试运营模式进行系统试运转和安全测试。根据《城市轨道交通技术规范》GB 50490要求，不载客试运行的时间不少于3个月。在完成初步验收和三权移交后，通过试运行对设备的设施、人员、文本进行有效磨合，为试运营开通做好准备。在试运行前，运营单位必须对设备设施的技术状况、人员配置和培训情况、规章制度情况等进行全面核查，满足试运行要求后方可开始。试运行应根据工程进度情况，从以上工程优先过渡到试运行优先，逐渐增加上线列车数量，分阶段组织试运行工作。

1. 试运行的内容

为了保障新线的运营安全，在新线开通投入运营之前，应该进行新配置的各设备与设备之间、系统与系统之间、人员与设备系统之间充分磨合，在磨合的过程中不断发现问题、解决问题，使整个运营系统的稳定性和可控性达到一定的稳定状态，所以要通过试运行这一"实战演练"来进行考察系统的稳定性和可靠性。较短时期的试运行不能充分磨合各系统和发现问题，不能使试运营水平达到。因此试运行应不少于3个月。

2. 试运行的安排

试运行根据最小行车间隔分为3个阶段，按照列车运行图规定的运行间隔进行追踪运行的试验。

(1) 第一阶段:低密度跑图及系统功能操作演练。

(2) 第二阶段:中密度跑图及非正常应急处置演练。

(3) 第三阶段:试运营跑图及预案综合演练。

14 验 收 管 理

14.1 工程质量验收机构

14.1.1 验收委员会的组成

（1）主　任：指挥长。
（2）副主任：各分管副指挥长。
（3）成　员：机电管理部、工程管理部、技术管理部、质量管理部、安全管理部、征拆管理部等相关部门负责人。

14.1.2 验收委员会工作机构

验收委员会设置验收委员会领导小组（简称"领导小组"）、验收委员会办公室（简称"验收办"）、验收委员会工作小组（简称"工作小组"）。其中，领导小组由验收委员会主任、副主任组成，负责全面统筹建设指挥部验收工作的开展；验收办设在安全质量监督管理部门，负责牵头承办验收委员的日常工作，验收办主任由安全质量监督管理部门负责人兼任；工作小组由验收委员会成员组成。

14.1.3 领导小组主要责任

负责参与轨道交通建设项目的分部工程、（子）单位工程及竣工验收（分项工程检验批验收由监理单位组织，标段项目部配合），负责审定工程验收管理的相关制度，负责组织制定验收管理制度，负责对工程验收问题的整改情况进行督查。

14.1.4 验收办主要职责

验收委员会设置验收委员会办公室（简称"验收办"）。验收办设在质量管理部，负责牵头承办验收委员的日常工作，验收办主任由质量管理部部门经理兼任。

14.1.5 工作小组主要职责

（1）按职责指导参建单位在验收前完成相应业务板块的消缺及资料编制工作，以及验收后的整改、资料归档及备案工作。
（2）负责职责范围内的验收核查工作。
（3）对工程验收问题的整改情况进行督查。

14.2 工程质量验收单元划分

14.2.1 单位工程的划分

单位工程指具备独立施工条件，但建成后不能独立生产或产生效益的产品。对于规模较大的单位工程,可将其能形成独立使用功能的部分划分为一个子单位工程(《建筑工程施工质量验收统一标准》GB 50300—2013,第4.0.2条)。在施工前可由建设、监理、施工单位商议确定,并据此收集技术资料和进行验收,单位工程划分见表14-1。

单位工程的划分　　　　　　　　　　　表14-1

类别	划分
单位工程	每个控制中心工程为一个单位工程
	每个集中冷站为一个单位工程
	每个主变电所为一个单位工程
	全线供电系统工程(牵引变电所、电力监控、环网电缆、接触网、杂散电流)为一个单位工程
	全线通信系统工程为一个单位工程
	全线屏蔽门为一个单位工程
	全线综合监控系统为一个单位工程
	改、扩建及零星工程的一个合同标段为一个单位工程

14.2.2 子单位工程的划分

建筑规模较大的单位工程,可将其具有独立生产(使用)功能或独立施工条件的部分划分为一个子单位工程,子单位工程划分见表14-2。

子单位工程的划分　　　　　　　　　　表14-2

类别	划分
子单位工程	车站、集中冷站、运营控制中心的每个单位工程可分为土建工程和机电装修工程两个子单位工程
	盾构区间工程的每两站之间的区间盾构隧道为一个子单位工程
	人防工程中一个防护单元(一个车站和一个相邻区间)为一个子单位工程
	车辆段(停车场)工程中桥梁或涵洞工程、轨道路基及道路工程、室外建筑环境、室外安装工程各为一个子单位工程;每一个独立的建筑物分为土建工程和安装及修饰工程两个子单位工程
	轨道工程单位工程中车辆段(停车场)及出入段线轨道工程为一个子单位工程,正线中各合同标段的轨道工程各为一个子单位工程
	供电系统单位工程分为刚性接触网子单位工程、柔性接触网子单位工程、牵引变电所(降压所)子单位工程和杂散电流腐蚀防护系统子单位工程
	通信系统工程分为专用通信系统、公安通信系统、民用通信引入三个子单位工程
	综合监控系统工程的每个集成子专业为一个子单位工程
	其他经验收委员会确定的子单位工程

14.2.3 分部分项检验批工程划分

分部、分项、检验批工程的划分　　　　表14-3

类别	划分
分部、分项、检验批工程	分部工程、分项工程、检验批的划分,由标段项目部、监理单位在工程开工前,按照国家、行业、地方相关规范和标准结合工程实际情况,组织专题会议进行划分

14.3 工程质量验收管理

14.3.1 工序质量验收

1. 验收定义

工序质量验收是指施工过程中的检验批、分项工程、（子）分部工程、首件验收等。

2. 验收前置条件

检验批、分项工程、（子）分部工程按施工图设计以及合同的约定已实施完成，满足进行下一道工序的条件。

14.3.2 分阶段实体质量验收

1. 验收定义

分阶段实体质量验收是指当工程某区域或部位需在单位工程实体质量验收前隐蔽或需后续专业对工程实体进行接管并继续施工的情况下，针对该区域或部位组织的实体质量验收。

2. 验收前置条件

（1）该区域或部位完成施工图设计和合同中约定的施工内容。

（2）该区域或部位工程资料齐全、完整。

（3）该区域或部位具备外观检查、实体检测及场地移交条件。

14.3.3 单位工程实体质量验收

1. 验收定义

单位工程实体质量验收是指合同标段或（子）单位工程完成设计和合同中的施工内容（含设备单体调试、接口调试）后开展的以合同标段为单位的实体质量验收。

2. 验收前置条件

（1）完成工程设计和合同约定的各项内容，不影响运营安全和功能的甩项或缓验项目有支撑性文件和项目清单。

（2）竣工资料齐全、完整，初步完成组卷工作。

（3）完成标段内的资产信息录入工作，并通过审核。

（4）完成验前检查和对影响行车及安全的问题整改。

14.4 工程质量验收程序和内容

14.4.1 检验批及分项工程验收

1. 验收组织程序

检验批及分项工程由监理单位专业监理工程师组织施工单位项目部专业质量技术负责人、投融资单位驻地代表进行验收。政府质量监督机构监督方案规定的验收环节以及监督抽查项目应通知政府质量监督机构和下属公司参加。

较大的单位工程,可将其能形成独立使用功能的部分划分为一个子单位工程(《建筑工程施工质量验收统一标准》GB 50300—2013,第4.0.2条)。在施工前可由建设、监理、施工单位商议确定,并据此收集技术资料和进行验收,单位工程划分见表14-1。

单位工程的划分　　　　　　　　　　　　　　　　表14-1

类别	划分
单位工程	每个控制中心工程为一个单位工程
	每个集中冷站为一个单位工程
	每个主变电所为一个单位工程
	全线供电系统工程(牵引变电所、电力监控、环网电缆、接触网、杂散电流)为一个单位工程
	全线通信系统工程为一个单位工程
	全线屏蔽门为一个单位工程
	全线综合监控系统为一个单位工程
	改、扩建及零星工程的一个合同标段为一个单位工程

14.2.2 子单位工程的划分

建筑规模较大的单位工程,可将其具有独立生产(使用)功能或独立施工条件的部分划分为一个子单位工程,子单位工程划分见表14-2。

子单位工程的划分　　　　　　　　　　　　　　　　表14-2

类别	划分
子单位工程	车站、集中冷站、运营控制中心的每个单位工程可分为土建工程和机电装修工程两个子单位工程
	盾构区间工程的每两站之间的区间盾构隧道为一个子单位工程
	人防工程中一个防护单元(一个车站和一个相邻区间)为一个子单位工程
	车辆段(停车场)工程中桥梁或涵洞工程、轨道路基及道路工程、室外建筑环境、室外安装工程各为一个子单位工程;每一个独立的建筑物分为土建工程和安装及修饰工程两个子单位工程
	轨道工程单位工程中车辆段(停车场)及出入段线轨道工程为一个子单位工程,正线中各合同标段的轨道工程各为一个子单位工程
	供电系统单位工程分为刚性接触网子单位工程、柔性接触网子单位工程、牵引变电所(降压所)子单位工程和杂散电流腐蚀防护系统子单位工程
	通信系统工程分为专用通信系统、公安通信系统、民用通信引入三个子单位工程
	综合监控系统工程的每个集成子专业为一个子单位工程
	其他经验收委员会确定的子单位工程

14.2.3 分部分项检验批工程划分

分部、分项、检验批工程的划分　　　　　　　　　表14-3

类别	划分
分部、分项、检验批工程	分部工程、分项工程、检验批的划分,由标段项目部、监理单位在工程开工前,按照国家、行业、地方相关规范和标准结合工程实际情况,组织专题会议进行划分

14.3 工程质量验收管理

14.3.1 工序质量验收

1. 验收定义

工序质量验收是指施工过程中的检验批、分项工程、(子)分部工程、首件验收等。

2. 验收前置条件

检验批、分项工程、(子)分部工程按施工图设计以及合同的约定已实施完成,满足进行下一道工序的条件。

14.3.2 分阶段实体质量验收

1. 验收定义

分阶段实体质量验收是指当工程某区域或部位需在单位工程实体质量验收前隐蔽或需后续专业对工程实体进行接管并继续施工的情况下,针对该区域或部位组织的实体质量验收。

2. 验收前置条件

(1) 该区域或部位完成施工图设计和合同中约定的施工内容。
(2) 该区域或部位工程资料齐全、完整。
(3) 该区域或部位具备外观检查、实体检测及场地移交条件。

14.3.3 单位工程实体质量验收

1. 验收定义

单位工程实体质量验收是指合同标段或(子)单位工程完成设计和合同中的施工内容(含设备单体调试、接口调试)后开展的以合同标段为单位的实体质量验收。

2. 验收前置条件

(1) 完成工程设计和合同约定的各项内容,不影响运营安全和功能的甩项或缓验项目有支撑性文件和项目清单。
(2) 竣工资料齐全、完整,初步完成组卷工作。
(3) 完成标段内的资产信息录入工作,并通过审核。
(4) 完成验前检查和对影响行车及安全的问题整改。

14.4 工程质量验收程序和内容

14.4.1 检验批及分项工程验收

1. 验收组织程序

检验批及分项工程由监理单位专业监理工程师组织施工单位项目部专业质量技术负责人、投融资单位驻地代表进行验收。政府质量监督机构监督方案规定的验收环节以及监督抽查项目应通知政府质量监督机构和下属公司参加。

2. 验收内容

检验批验收的主要内容包括工程实体中的隐蔽工程、主控项目、一般项目和工程档案中的原材料质量证明、检验检测报告以及工程资料报审文件签署等。

14.4.2 验收内容

1. 验收组织程序

（1）每道工序完工并自检合格后，由施工单位书面告知监理单位申请工序验收，监理单位依据规范规定确定验收时间，通知参加验收的单位，组织工序验收。

（2）工序验收由监理单位组织并主持，其中分部工程的验收应由监理单位形成正式的会议纪要并加盖公章。

（3）对验收中发现的质量缺陷，施工单位应按会议决定进行整改，整改完成后，应形成整改回复文件，经监理单位复查和签认，并归档备案。

2. 验收内容

分部工程验收的主要内容应包括分项工程完成情况，有关安全、节能、环境保护和主要使用功能的抽样检验情况，整改消缺情况和质量控制资料的收集、整理情况等。

14.4.3 单位工程实体质量验收

1. 验收组织程序

（1）单位工程具备实体质量验收条件后，首先由投融资单位组织进行工程质量预验收，勘察单位、设计单位、监理单位、施工单位参加。预验收通过后，由投融资单位出具书面验收会议纪要。

（2）投融资单位组织施工单位填写单位工程验收申请资料，经下属公司确认后报建设公司验收办。

（3）接到验收申请后，由建设公司验收办组织开展验前检查，下属公司、合约管理部门、设计管理部门、安全质量监督管理部门、档案管理部门、资产管理部门、投融资单位、施工单位、监理单位、勘察单位、设计单位、接管单位应参加，经参加各方共同检查确定工程质量符合验收标准，存在问题整改完成并形成整改回复记录后方可组织单位工程实体质量验收。

（4）单位工程实体质量验收前，施工单位应提前7个工作日向政府质量监督机构提报验收申请资料，并完成监督档案资料审查。完成以上程序后，由建设公司验收办协调政府质量监督机构确定验收时间，组织完成《验收小组成员名单》，通知各责任主体、政府质量监督机构和政府工程档案管理部门参加验收。

（5）单位工程实体质量验收由建设公司验收办主持，政府质量监督机构、政府工程档案管理部门、下属公司、合约管理部门、设计管理部门、安全质量监督管理部门、档案管理部门、资产管理部门、投融资单位（生产部门和质量管理部门）、施工单位、监理单位、勘察单位、设计单位、接管单位应参加，其中参验五方责任主体备案授权人必须参加，第三方测量、第三方监测、第三方检测单位按通知要求参加。轨道集团相关部门视情况进行抽查监督。

2. 验收内容

（1）工程实体由下属公司牵头，主要检查工程实体有关观感质量、主控项目、一般项目、主要功能性检验检测和缺陷整治情况等。

（2）档案资产检查由档案管理部门牵头，主要检查工程档案资料的签署、收集、整理、组卷、图纸审核和签署情况及资产录入情况等。

（3）合同商务由合约管理部门牵头，主要检查合同执行及变更等情况。

14.5 工程质量验收配合方案

14.5.1 竣工验收配合内容

依据甲方招标文件要求，结合工程竣工验收相关文件的要求，制定本项目竣工验收类别、主责单位、验收流程、配合要点。竣工验收配合内容见表14-4。

竣工验收配合内容　　　　　　　表14-4

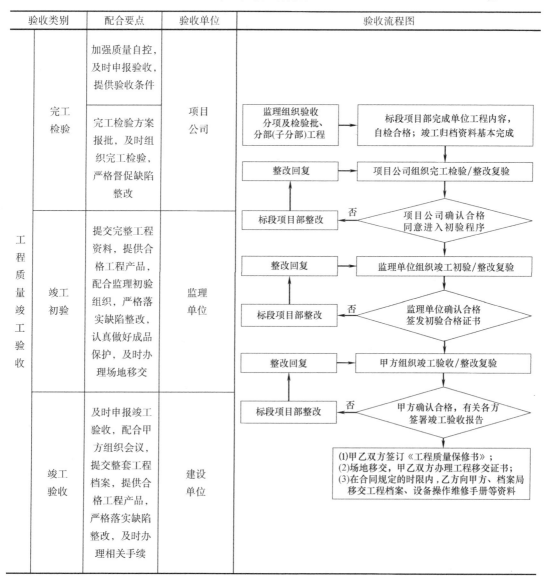

验收类别		配合要点	验收单位	验收流程图
工程质量竣工验收	完工检验	加强质量自控，及时申报验收，提供验收条件；完工检验方案报批，及时组织完工检验，严格督促缺陷整改	项目公司	
	竣工初验	提交完整工程资料，提供合格工程产品，配合监理初验组织，严格落实缺陷整改，认真做好成品保护，及时办理场地移交	监理单位	
	竣工验收	及时申报竣工验收，配合甲方组织会议，提交整套工程档案，提供合格工程产品，严格落实缺陷整改，及时办理相关手续	建设单位	

续表

验收类别		配合要点	验收单位	验收流程图
政府专项验收	消防	加强专项质量自控，提供合格专项产品，及时准备工程资料，及时申报监理预验，配合甲方申报验收，协同配合会议组织，严格落实缺陷整改，确保专项通过验收	市公安消防局	专项工程完工，自检合格；竣工归档资料基本完成 → 监理组织各相关方进行预验收 ← 整改回复 ← 乙方落实整改 ← 否 ← 监理确认预验合格，同意申报专项验收 → 乙方会同监理配合甲方申报政府专项验收 → 政府部门组织专项验收/整改复验 ← 整改回复 ← 乙方落实整改 ← 否 ← 政府对口部门确认专项验收合格 → 取得相关批文/合格证/行政许可文书
	人防工程		市应急办（民防办）	
	环境保护		市人居环境委	
	卫生防疫		市卫生人口计生委	
	工程质量		市住建局	
	工程档案		市档案局	
	试运营安全评估		市交通运输委	

14.5.2 工程质量竣工初验配合方案

（1）标段项目部随着工程进展就各检验批、分项工程和分部工程递升层次向监理申报检查验收；标段项目部完成单位（子单位）工程设计图纸和施工合同约定的全部内容，工程竣工资料基本完成，报请指挥部组织完工检验。

（2）指挥部邀请监理、设计等有关单位参加并完成完工检验工作，出具完工检验报告（或会议纪要），根据整修项目工作量大小，明确整改时限。完工检验报告送甲方、设计、监理、施工等单位备案。

（3）标段项目部完成完工检验提出问题的整改工作后，及时向监理单位递交单位（子单位）工程竣工初验申请，并配合监理提前做好工程验收的准备工作。

（4）监理单位组织、总监理工程师主持单位（子单位）竣工初验时，标段项目部提交整理完备的质量保证资料、分部分项验收资料、隐蔽验收资料、关键工序检查记录资料等，必要时对具有时效性要求的实体查验项目提前做好监理见证检验或试验。

（5）竣工初验后，指挥部积极督导标段项目部落实提出问题的整改、复查工作，妥善保管监理单位签发的《竣工初验合格证书》。

（6）标段通过竣工初验后继续做好成品保护工作，指挥部督导标段项目部及时做好场地清理，及时向甲方或甲方委托的单位移交场地管理权。

14.5.3 三权移交与配合

设备安装竣工初步验收完成，地铁运营单位陆续介入管理，监理组织设备安装、装修工程的"三权"移交工作，指挥部组织各标段项目部积极做好"三权"移交准备工作，包括设备清单、场地清单准备，现场清点、办理移交手续等。

14.5.4　工程质量竣工验收配合方案

（1）标段项目部完成本标段工程范围内各单位（子单位）工程设计图纸和施工合同约定的全部内容，经监理单位竣工初验合格后，及时向甲方提交竣工验收申请。

（2）指挥部和标段项目部及时做好竣工验收迎检准备工作。验收配合办公室根据甲方验收组织方式和相关程序要求，指导标段项目部成立竣工验收配合小组，就工程实体、工程档案、商务合同等方面内容，全面做好实务配合工作。

（3）针对竣工验收提出问题，指挥部和标段项目部积极落实缺陷整改、复查，及时办理《工程质量保修书》，会同监理协助甲方及时办理《工程竣工验收报告》，并妥善保管。

（4）竣工验收合格后，如未立即移交或后续承包商未进场，标段项目部继续对项目场地及所有工程成品、半成品、设备材料进行看守和保护直至甲方接收或后续承包商进场，场地移交手续完备；标段项目部依据工程移交情况，及时向监理申办《工程移交证书》，并在规定时限内向甲方、档案馆移交工程档案、设备操作维修手册、工程质量保修书等资料。

14.5.5　政府专项验收配合方案

政府专项验收主要是指地铁新线建设完工，投入运营之前，由公安消防局、应急办（民防办）、人居环境委、人口计生委、档案局、住建局、交通运输委等政府职能部门组织的消防、人防、环保、卫生防疫、工程档案、质量、试运营安全评估、试运营条件评估等专项验收项目。政府专项验收配合方案如下：

（1）指挥部、标段项目部加强各专项系统的质量自控，提供合格专项产品，及时准备工程资料向监理申报预验收，并做好预验收提出问题的整改、回复工作。

（2）预验收合格后，指挥部、标段项目部会同监理单位积极配合建设单位向政府有关部门申报专项验收，认真做好协调组织、资料报验、会议安排等迎检工作。

（3）指挥部、标段项目部严格落实政府专项验收提出问题的整改工作，及时整改，及时回复，直至各项政府验收合格为止，确保在开通试运营前顺利通过各项政府验收。

参 考 文 献

[1] 本书编委会. 建设项目工程总承包管理规范实施指南 [M]. 北京：中国建筑工业出版社，2018.

[2] 刘雪峰. 工程总承包如何落地生根 [J]. 施工企业管理，2017(09).

[3] 北京城建集团. 轨道交通工程施工技术与管理创新 [M]. 北京：中国建筑工业出版社，2013.

[4] 李君. 建设工程总承包项目管理实务 [M]. 北京：中国电力出版社，2016.

[5] 朱方伟，于淼. 总承包项目知识集成研究 [M]. 北京：科学出版社，2018.

[6] 唐际宇. 建设工程施工总承包管理实务 [M]. 北京：中国建筑工业出版社，2019.

[7] 周贤浩. 地铁车站的土建与机电施工协调管理 [J]. 城市道桥与防洪，2010 (02).

[8] 王运峰. 地铁机电安装工程的施工协调管理 [J]. 城市轨道交通研究，2012 (05).

[9] 谭武，傅小波. 地铁机电安装工程中的总承包管理探讨 [J]. 土木建筑工程信息技术，2013 (04).